Chouette

4e

13-14 ANS

Anglais

Nicole Nemni-Nataf

Corinne Touati

Hatier

 – ISBN : 978-2-401-05123-2

Ton parcours de révision

Commence par faire le test pour te situer. Coche la case ☐ quand tu as révisé un chapitre.

LE GROUPE NOMINAL

LE GROUPE VERBAL

LA PHRASE

Les outils complémentaires

Le Guide Chouette ....au centre du cahier

- **Tous les CORRIGÉS des exercices, avec des explications**
- **Des informations « spécial parents »**
- **Les scripts des podcasts audio**
- **La liste des verbes irréguliers**

Pour t'entraîner à l'oral

- **Retrouve les RESSOURCES AUDIO signalées par 🎧 et téléchargeables sur www.editions-hatier.fr**

• Des PODCASTS AUDIO pour t'entraîner en compréhension orale (voir le Guide Chouette p. 17)

• Des corrigés d'EXERCICES SONORISÉS

- **Comment procéder ?**

Tape « Chouette Anglais 4e » et, dans la fiche article, clique sur « Ressources gratuites ».

Édition : Lorem Ipsum
Maquette : Frédéric Jély, Primo & Primo
Illustrations : Adrien Siroy, Roland Garrigue, Axel Renaux, Sylvain Frécon
Mise en pages : Ici et ailleurs

TEST

1. Réponds aux questions du test.
2. Vérifie chaque réponse à l'aide du corrigé page 2 dans le livret détachable.
3. Si ta réponse n'est pas juste, entoure le n° de l'unité : elle t'aidera à comprendre tes erreurs.

LE GROUPE NOMINAL

UNITÉ

1. Coche les noms qui, en fonction de sujet, sont suivis d'un verbe au singulier. 1 p. 6

☐ luggage ☒ hair ☐ people ☐ family

2. Complète avec les articles : *a*, *an*, *the* ou ø (article zéro). 2 p. 8

I must go ....Ø.... home. – ....the.... lunch is earlier on ....Ø.... Sundays. – I love ....the.... lunch my mother makes. – I'll eat ....a.... fish and ....an.... potatoes.

3. Réécris cette phrase négative d'une autre manière. 3 p. 10

I didn't buy any books.

→ I did not buy any books.

4. Réécris ces phrases en ajoutant l'adverbe *enough*. 4 p. 12

He isn't old to drive.

→ He ....

I didn't have time to go shopping with Jane.

→ I ....

5. Choisis l'adjectif qui convient. 5 p. 14

I found this book very ☒ bored ☐ boring.

He is ☒ interesting ☐ interested in rap music.

6. Comment dirais-tu que ton amie est meilleure que toi en anglais mais qu'elle est moins bonne que toi en maths ? 6 p. 16

My friend is very ....

7. Donne le superlatif de ces adjectifs. 7 p. 18

good → ....best.... bad → .... tired → .... slow → ....

8. Remets ces deux phrases dans le bon ordre. 8 p. 20

John / help / tomorrow / to / wants / morning / me / him

→ ....

mirror / looking / they / themselves / in / are / at / the

→ ....

9. Pose la question qui correspond à la réponse suivante. 9 p. 22

These glasses are my mother's.

....

10. Barre le pronom relatif que l'on peut omettre (pronom relatif zéro Ø). 10 p. 24

I enjoyed ~~the~~ story which she told me.

She bought me a present, which is quite unusual.

11. Traduis la phrase suivante. 11 p. 26

Emma est allée au cinéma au lieu d'aller à la piscine.

Emma is going to a cinema ....

LE GROUPE VERBAL

UNITÉ

12. Choisis la forme verbale qui convient. 12 p. 28

– Would you like a drink?

– Yes, please. I ☐ have ☒ am ☐ had ☐ am not very thirsty.

13. Choisis la forme verbale qui convient. 13 p. 30

Ann often ☐ is going ☐ goes ☒ go ☐ does go to Scotland for the summer holidays.

14. Dis le contraire. 14 p. 32

They gave her a present. → They didn't give her a present.

15. Harry doit annoncer à sa mère qu'il vient de casser ses lunettes. Aide-le. 15 p. 34

I broke my glasses.

16. Choisis la forme verbale qui convient. 16 p. 36

I ☐ has been ☐ have been ☐ did go ☒ went to Canada last summer.

17. Tu demandes à ta mère si elle va faire des courses. Complète la phrase suivante. 17 p. 38

Are you ......going...... to go shopping?

18. Tu proposes à tes amis d'aller à la plage. Utilise un impératif. 18 p. 40

....

19. Comment dirais-tu que tu ne pourras pas aller au concert la semaine prochaine ? 19 p. 42

....

20. Quel ordre tes parents peuvent-ils te donner ? 20 p. 44

☐ You don't have to drink whisky. ☐ You needn't drink whisky. ☒ You mustn't drink whisky.

21. Mets cette phrase au passif. 21 p. 46

I will send the letter tomorrow.

→ ....

22. Comment dirais-tu que ton médecin veut que tu manges moins de bonbons (*sweets*) ? 22 p. 48

My doctor ....

23. Propose à tes amis d'aller au cinéma. 23 p. 50

What about .... ? / How about .... ?

LA PHRASE

UNITÉ

24. Trouve la réponse logique. 24 p. 52

How tall are you ?

☐ I'm 13. ☒ I'm 1.75. ☐ It's 12. ☐ I'm fine.

25. Choisis la forme verbale qui convient. 25 p. 54

They ☐ don't leave ☒ didn't leave ☐ haven't left ☐ left at 8 o'clock and neither did I.

26. Transforme cette exclamation en construisant une phrase commençant par *how*. 26 p. 56

He is so funny! → ....

27. Rapporte ce qu'a dit ton professeur. 27 p. 58

« The marks are all very good. »

The teacher says ....

1 Les noms

Les noms dénombrables et indénombrables

- En anglais, il importe de distinguer deux catégories de noms :
  - les **dénombrables**, qui font référence à une réalité que l'on peut compter, dénombrer et que l'on peut donc mettre au pluriel ;

    a girl → girls *a cat → cats* *a chair → chairs*
  - les **indénombrables**, qui font référence à un tout et qui sont invariables.

    sugar (du sucre) *bread* (du pain) *meat* (de la viande)
- Certains noms peuvent être **tantôt dénombrables, tantôt indénombrables**, avec des nuances différentes.

  She brought a chocolate cake.
  Elle a apporté **un gâteau** au chocolat. [dénombrable]
  Can I have some more cake, please?
  Est-ce que je peux encore avoir **du gâteau** ? [indénombrable]

★ 1 Souligne les noms dénombrables en couleur et les indénombrables en noir.

1. I went to the butcher's to buy some meat, some sausages and some hamburgers.
2. Wendy, don't forget to stop at the grocer's to get some rice, eggs and salt.
3. When I go abroad I usually bring back some souvenirs to my children and friends.

SCORE .... /3

ATTENTION
Prends garde au pluriel irrégulier *child → children*.

La formation du pluriel des noms dénombrables

- En général, on forme le pluriel des noms dénombrables **en ajoutant -*s*** au singulier. Cependant, certains noms forment leur **pluriel en -*es*** selon les règles suivantes.

Noms terminés par -*s*, -*sh*, -*ch*, -*x*, -*z*	Quelques noms terminés par -*o*	Noms terminés par une consonne + -*y*	Noms terminés par -*f*, -*fe*, -*lf*
a bus → buses *a match → matches* *a box → boxes*	*a potato → potatoes* *a tomato → tomatoes*	*a lady → ladies* *a baby → babies* *a story → stories*	*a leaf → leaves* *a knife → knives* *half → halves*

- Certains noms ont des **pluriels irréguliers** qu'il faut retenir. Voici quelques exemples :

  *man → **men*** *mouse → **mice*** *foot → **feet*** *child → **children*** *tooth → **teeth***

★★ 2 Mets les noms soulignés au pluriel et fais les autres transformations nécessaires.

1. Her brush is in the bathroom. Her brushes are in the bathroom.
2. Don't put the knife and the glass on the floor. Don't put the knives and the glasses on the floor.
3. Look at that child! He is playing with a mouse. Look at that children. They are playing with mice.
4. Your baby is crying, give him some milk. Your babies are crying, give them some milk.
5. I met a nice woman at the concert. I met nice women at the concert.

these
those

SCORE .... /5

ATTENTION
N'oublie pas que les adjectifs sont invariables en anglais.

Singulier ou pluriel ?

- Les **noms collectifs**, qui désignent un groupe de personnes, ne prennent pas de marque de pluriel (*-s* ou *-es*), mais sont accompagnés d'un verbe au pluriel.

  *There **are** a lot of **people** in the street.* Il y a beaucoup de monde dans la rue.
  *The **police are** chasing the criminal.* La police poursuit le criminel.
  *My **family are** celebrating Jane's birthday.* Ma famille fête l'anniversaire de Jane.

- Certains noms **dénombrables en français** correspondent à des **indénombrables en anglais**. Ils sont alors invariables et sont toujours suivis d'un verbe au singulier.

  *Her **hair** is red.* Ses cheveux sont roux.
  *Your **luggage is** in my room.* Tes bagages sont dans ma chambre.
  *The **news is** good.* Les nouvelles sont bonnes.

ATTENTION
Certains noms ne s'emploient qu'avec un verbe au singulier.

3 **Compose sept phrases en reliant les éléments des trois colonnes.**

1. His luggage	is	**a.** quite long.
2. The children	are	**b.** very modern.
3. Her hair		**c.** bringing letters.
4. All the people		**d.** white and regular.
5. The postmen		**e.** very heavy.
6. His teeth		**f.** talking to their children.
7. Their furniture		**g.** playing in the garden.

SCORE ..../7

Les noms composés

- Un nom composé s'écrit généralement **en deux mots** ; certains, cependant, s'écrivent en un seul mot.

  a grandmother (une grand-mère)   *a fireman* (un pompier)

- En général, **le second nom porte la marque du pluriel** ; le premier nom est invariable.

  *a copybook → copy**books***   *an ice cream → ice cream**s***

4 **Légende chaque dessin à l'aide d'un nom composé. Utilise certains des mots donnés.**
sea – record – rain – book (x 2) – copy – tooth – bus – paste – side – coat – stop – shop

COUP DE POUCE
Ici, tous les noms composés s'écrivent en un seul mot.

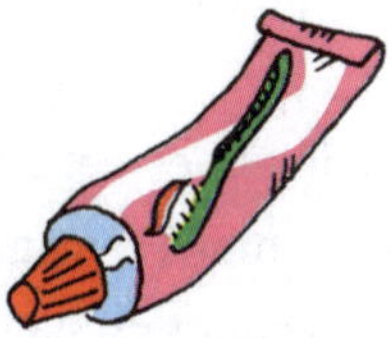

1. book ....   2. coat ....   3. books ....   4. toothpaste   5. sea .... seaside
drawing book   raincoat   bookshop

SCORE ..../5

Corrigés p. 2

TOTAL ..../ 20

2 Les déterminants

L'article indéfini *a* / *an*

- L'article indéfini *a/an* se traduit par « **un** » ou « **une** ». On utilise :
  - ***a*** devant un nom commençant par une consonne, un *y* ou un *u* prononcé [ju] ;

    ***a** ball* — ***a** year* — ***a** university*
  - ***an*** devant un nom commençant par une voyelle ou un *h* muet.

    ***an** architect* — ***an** hour*
- L'article indéfini n'a **pas de forme pluriel**. On parle d'article « zéro » (Ø).

  *There are big **trees** in your garden.* Il y a de grands arbres dans ton jardin.
- Il faut employer *a/an* devant les **noms de métiers** au singulier.

  *Mrs Harris wants to be **a** dancer.* Mme Harris veut être danseuse.
- **Attention :** *half **an** hour* (une demi-heure), *once **a** week* (une fois par semaine), *twice **a** month* (deux fois par mois), *quite **a** good book* (un assez bon livre).

★ 1 Complète avec *a*, *an* ou *Ø*.

1. Her boyfriend's father is ....a.... painter, his mother is ....an.... actress.
2. Rachel usually visits her grandmother once ....a.... month.
3. The plane will take off in half ....an.... hour.
4. I have read quite ....a.... good book.
5. We have visited ....a.... church and ....Ø.... museums.

SCORE ...7... /7

> **COUP DE POUCE**
> Phrase 1 : les noms *painter* et *actress* désignent un métier.

L'article défini *the*

- *The* s'emploie devant un nom singulier ou pluriel. Il traduit « **le** », « **la** », « **les** ».

  ***the** tourist → **the** tourists* — ***the** castle → **the** castles*
- *The* s'emploie devant les noms déterminés par la situation ou le contexte.
  Il ne s'emploie pas dans les généralisations. Compare les phrases suivantes :

  I like books. J'aime les livres. [en général]
  *I like **the** books she writes.* J'aime les livres qu'elle écrit.
- Il **ne s'emploie pas** non plus devant :
  – les noms de **repas** ;

    ***Lunch** will be ready soon.* Le déjeuner sera bientôt prêt.

  – les noms désignant les **jours**, les **mois**, les **saisons** ;

    *They eat fish on **Fridays**.* Ils mangent du poisson le vendredi.

  – les **titres suivis d'un nom propre** ;

    ***Prince** Charles* (le prince Charles), mais *the Queen* (la reine)

  – les **noms de pays** au singulier ;

    ***Italy** is a wonderful country.* L'Italie est un pays merveilleux.

– les noms de **langues** ;

*She studies **German** at school.* Elle étudie l'allemand à l'école.

– les noms désignant des **activités** (jeux, sports, matières scolaires) ;

*They practise **rugby** once a week.* Ils s'entraînent au rugby une fois par semaine.

– les noms **abstraits**.

*Love is **blind**.* L'amour est aveugle.

▸ Note également ces **expressions** dans lesquelles l'anglais n'emploie pas d'article.

to be at home (être à la maison)
to go home (aller à la maison)
to be in bed (être au lit)
to go to bed (aller au lit)
to be at school (être à l'école)
to go to school (aller à l'école)
by train (en train)
by car (en voiture)

★ 2 Voici une liste de tâches à effectuer. Complète-la avec *a*, *Ø* ou *the*.

1. Buy ~~the~~ a bottle of Ø milk.
2. Buy a pound of Ø apples.
3. Call the dentist.
4. Take ~~a~~ the car to the garage.
5. Buy ~~Ø~~ the cakes she likes.

SCORE 5 /8

COUP DE POUCE
Phrase 5 : *cakes* est déterminé précisément (*she likes*).

★★ 3 Complète avec *the* ou *Ø*.

1. My cousin never works on Ø Mondays. ✓
2. She loves the coffee he makes. ✗
3. It's 11 o'clock; ~~the~~ Ø lunch isn't ready. ✗
4. She goes to Ø school by Ø car. ✓
5. ~~The~~ Ø life is beautiful. ✗
6. The President of the United States lives in Washington. ✓
7. I saw him ~~the~~ Ø last week.
8. I can't remember the beginning of the book. ✓

SCORE 7 /11

COUP DE POUCE
Vérifie que tu as employé six fois l'article zéro.

★★★ 4 Comment dirais-tu que... ?

1. la reine Elizabeth vit à Buckingham Palace. → ~~The~~ Queen Elizabeth lives ~~in~~ at Buckingham Palace.
2. il aime la musique du film. → He loves the movie's music. ✓
3. Pamela enseigne l'allemand. → Pamela teach~~es~~ ~~the~~ german ✗
4. George prend toujours du café au petit déjeuner. → George takes always a cofe ~~in the~~ for breakfast.

SCORE 2 /4

COUP DE POUCE
Dans la phrase 2, « musique » est déterminé et précis. Il ne s'agit pas de la musique en général.

Corrigés p. 3

TOTAL 21 / 30

3 Les quantifieurs : *some, any, no*

Some, any, no

Some, *any* et *no* servent à exprimer une **quantité imprécise**.
On les emploie devant un nom indénombrable ou un nom dénombrable au pluriel.
Ils se traduisent par « **du** », « **de la** », « **des** ».

- Dans les **phrases affirmatives**, on emploie *some*.

  *There's **some** wine* [indénombrable] *in my glass.* Il y a du vin dans mon verre.
  *There are **some** cars* [dénombrable pluriel] *in the street.* Il y a des voitures dans la rue.

- Dans les **phrases interrogatives**, on emploie :
  - ***any*** lorsqu'on ignore s'il y a ce que l'on demande ;

    *Have you got **any** orange juice?* As-tu du jus d'orange ?
  - ***some*** lorsqu'on sait qu'il y a ce que l'on demande (demande polie) ou lorsqu'on fait une offre. Dans les deux cas, on attend une réponse positive.

    *Can I have **some** pancakes?* Est-ce que je peux avoir des crêpes ?
    *Would you like **some** tea?* Voulez-vous du thé ?

- Dans les **phrases négatives**, on emploie :
  - ***any*** si la phrase contient une négation ;

    *They didn't buy **any** newspapers.* Ils n'ont pas acheté de journaux.
    *I **never** drink **any** beer.* Je ne bois jamais de bière.
  - ***no*** si la phrase ne contient pas d'autre négation (*no* = *not... any*).

    *I have **no** money. = I haven't got **any** money.* Je n'ai pas d'argent.

1 Complète les phrases suivantes en employant *some, any* ou *no*.

1. I'm making a cake. Have you got any eggs?
2. We are too busy; we have no time.
3. There are some beautiful apple trees in his garden.
4. James didn't bring any CDs to the party.

SCORE 4 /4

COUP DE POUCE
Il faut employer deux fois *any* : dans une phrase interrogative et dans une phrase négative.

2 Complète le dialogue suivant avec *some, any* ou *no*.

1. Waiter, what can you recommend? I'd like some fish.
2. Sorry we have no fish today.
3. Do you have any chicken?
4. Sure, we make the best in town.
5. So I'll have ~~any~~ some chicken with some vegetables.
6. Would you like ~~any~~ some wine with it?
7. Do you have ~~some~~ any French wines?
8. No, we haven't got any.
9. So bring me a bottle of water with some ice.

the customer — the waiter

SCORE 5 /9

COUP DE POUCE
Pour faire une proposition, on utilise *some*.

Les composés de *some*, *any* et *no*

- Il en existe **trois séries** :
  - *somebody* ou *someone*, *anybody* ou *anyone* (quelqu'un), *nobody* ou *no one* (personne) ;
  - *something*, *anything* (quelque chose), *nothing* (rien) ;
  - *somewhere*, *anywhere* (quelque part), *nowhere* (nulle part).
- Ces pronoms suivent les **mêmes règles d'emploi** que *some*, *any* et *no*.

  *There is **someone** at the door.* Il y a quelqu'un à la porte.
  *Did he say **anything** interesting?* A-t-il dit quelque chose d'intéressant ?
  *I can't find my key **anywhere**.* Je ne trouve ma clé nulle part.

3 Complète les phrases suivantes en employant un composé de *some*, *any* ou *no*.

1. It's Sunday. There's nobody at school.
2. Is there any thing in the fridge?
3. My car is parked somewhere in the street.
4. Where's my bag? I can't find it nowhere
5. Be careful! You're going to break something

SCORE 2 /5

COUP DE POUCE
Vérifie que tu as employé deux composés avec *where*.

Every et ses composés

- *Every* est un quantifieur, toujours suivi d'un singulier, qui se traduit par « **chaque, tout** ».

  *I play tennis **every day**.* Je joue au tennis tous les jours.
- À partir de *every*, on forme les composés suivants :
  - *everybody*, *everyone* (tout le monde) : ***Everybody** was laughing.* Tout le monde riait.
  - *everything* (tout) : ***Everything** is in order.* Tout est en ordre.
  - *everywhere* (partout) : *I've looked for my pen **everywhere**.* J'ai cherché mon stylo partout.

4 Complète cette publicité avec *everybody* (*everyone*), *everything* ou *everywhere*.

Come into our shop!
Best bargains!

everything must go.
everybody is welcome!
Look everywhere and make your choice.

SCORE 2 /3

INFO
- *best bargains* : meilleures affaires
- *make your choice* : faites votre choix

5 Comment dirais-tu... ?

1. Il n'y a personne derrière la porte. → Nobody is behind the door.
2. Paul a caché la clé quelque part. → Paul has hidden the key somewhere.
3. Voulez-vous quelque chose à boire ? → would you like something to drink.

SCORE 2 /3

INFO
cacher : hide (*hid*, *hidden*)

Corrigés p. 3

TOTAL 15 / 24

4 Autres quantifieurs

Many, much, a lot of, a few, a little

Construction	Sens	Exemples
many + dénombrable (surtout dans les phrases interrogatives et négatives)	beaucoup de	*Are there **many** computers in your school?* Y a-t-il beaucoup d'ordinateurs dans ton école ?
much + indénombrable (surtout dans des phrases interrogatives et négatives)		*There isn't **much** milk in the bottle.* Il n'y a pas beaucoup de lait dans la bouteille.
a lot of, ***lots of***, ***plenty of*** + indénombrable ou dénombrable (surtout dans les phrases affirmatives)		*There are **a lot of** people in the street.* Il y a beaucoup de gens dans la rue. *I've got **plenty of** time.* J'ai tout mon temps.
a few + dénombrable	quelques	*There are **a few** cows in the meadow.* Il y a quelques vaches dans le pré.
a little + indénombrable	un peu de	*Put **a little** water in the glass.* Mets un peu d'eau dans le verre.

1 Complète les phrases suivantes en employant *much*, *many*, *a little* ou *a few*.

1. I only bought .... biscuits.
2. He didn't bring .... records to the party.
3. There's only .... orange juice in the fridge.
4. I don't have .... money because I don't work.
5. I'm afraid there are only .... sweets for the guests.

SCORE ..../5

COUP DE POUCE

On emploie *a few* et *many* avec un dénombrable, *a little* et *much* avec un indénombrable.

Too many, too much, so many, so much, enough

Construction	Sens	Exemples
too many + dénombrable	trop	*Your sister always buys **too many** presents.* Ta sœur achète toujours trop de cadeaux.
too much + indénombrable		*Mr Ross gives **too much** work to his secretary.* M. Ross donne trop de travail à son secrétaire.
so many + dénombrable	tant, tellement	*Don't eat **so many** biscuits!* Ne mange pas tant de biscuits !
so much + indénombrable		*He has got **so much** work!* Il a tant de travail !
enough + dénombrable ou indénombrable	assez	*I haven't got **enough** money.* Je n'ai pas assez d'argent.

★★ 2 Complète les phrases suivantes en employant *much, many* ou *enough*.

1. There are too .... people in this restaurant.

2. He's very fat. He drinks too .... beer.

3. I can't buy a house. I haven't got .... money.

4. He is fifteen. He isn't old .... to drive.

5. Don't buy so .... cakes!

SCORE ..../5

> **COUP DE POUCE**
> *People* est un nom collectif désignant un pluriel, bien qu'il ne prenne pas de s.

★ 3 Utilise le signe * pour indiquer où tu pourrais insérer *enough* dans ce texte.

Yesterday it was warm and I decided to go shopping with Ann; but I couldn't buy anything because I didn't have money. Ann had euros to buy me an ice cream! I was lucky…

SCORE ..../4

> **ATTENTION**
> *Enough* se place après l'adjectif mais avant le nom.

Other, both, either... or, neither... nor

▸ *Other* (autre), *both* (les deux), *either... or* (soit... soit), *neither... nor* (ni... ni) s'emploient pour **exprimer un choix**.

Construction	Sens	Exemples
other	autre	*Give me the **other** pen.* Donne-moi l'autre stylo.
both	les deux	*I like them **both**.* Je les aime tous les deux. *He likes **both** tea and coffee.* Il aime les deux : le thé et le café.
either... or	soit... soit	*You can have **either** an ice cream **or** a cake.* Tu peux prendre soit une glace, soit un gâteau.
neither... nor	ni... ni	*I drink **neither** coffee **nor** tea.* Je ne bois ni café ni thé.

★ 4 Complète les phrases suivantes en utilisant *other, both, either... or* ou *neither... nor*.

1. I would like to visit .... the museum .... the exhibition. What's your choice?

2. At breakfast I drink .... tea .... coffee, I have some fruit juice.

3. .... books are interesting.

4. These shoes are too small; give me the .... ones.

5. I would like to see .... the western and the detective film.

SCORE ..../5

> **COUP DE POUCE**
> Tu dois utiliser deux fois *both*.

Corrigés p. 4

TOTAL .... / 19

LE GROUPE NOMINAL

5 Les adjectifs qualificatifs

Place de l'adjectif qualificatif

L'adjectif qualificatif peut être épithète ou attribut.

- S'il est **attribut**, il fait partie du groupe verbal.

  *This scarf is **red**.* Cette écharpe est rouge.

- S'il est **épithète**, il se place en règle générale avant le nom.

  *Have you ever seen a **red** butterfly?* Avez-vous déjà vu un papillon rouge ?

  Cependant, lorsqu'il est accompagné d'un complément, il peut être placé après le nom.

  *a **full** box* (une boîte pleine), mais *a box **full** of sweets* (une boîte pleine de bonbons).

- Lorsqu'il y a **plusieurs adjectifs épithètes**, il faut respecter l'ordre : dimension + âge + couleur + origine/matière.

  *I have never driven a **big American** car.*
  Je n'ai jamais conduit de grosse voiture américaine.

- L'adjectif qualificatif anglais est **invariable**.

  *These books are **red**.* Ces livres sont rouges.

★★ 1 Construis des phrases avec ces mots donnés dans le désordre.

1. gave / she / fresh / orange juice / me / a → ....

2. bottle / full / a / milk / of / I / broke → ....

3. driving / he / dangerous / very / car / 's / a → ....

4. vote / 's / enough / not / to / old / she → ....

5. your / sister / can / next / come / earlier / Friday / ?

→ ....

6. children / the / is / for / deep / swimming pool / too / ? / the

→ ....

7. old / is / bag / carrying / the / a / lady / heavy

→ ....

8. mysterious / hotel / they / a / frightening / spent / a / night / in

→ ....

SCORE .... /8

> **ATTENTION**
> Phrase 4 : *enough* doit se placer après l'adjectif *old*.

Participe présent et participe passé

- Le participe présent et le participe passé peuvent être employés **comme adjectifs**.

  *I have just read an **interesting** book.* Je viens de lire un livre intéressant.
  *I'm **interested** in African music.* Je m'intéresse à la musique africaine.

- **Attention** à ne pas confondre :
  bored (ennuyé) et *boring* (ennuyeux), *interested* (intéressé) et *interesting* (intéressant), etc.

2 **Choisis la bonne réponse.**

1. Our new history teacher is .... (interested / interesting).

He is .... (interested / interesting) in the Middle Ages.

2. Paul is .... (shocked / shocking) by Fred's reaction.

Fred is sometimes really .... (shocked / shocking).

3. Horror films are .... (bored / boring)

but I rarely get .... (bored / boring).

4. I worked too much yesterday; I am .... (tired / tiring).

Painting the ceiling was .... (tired / tiring).

SCORE ..../8

INFO

• the Middle Ages : le Moyen Âge,
• get bored : s'ennuyer.

Emplois particuliers

- Certains adjectifs tels que ***afraid***, ***awake***, ***ill*** ne s'emploient que comme attributs.

  *He is **afraid** of snakes.* Il a peur des serpents.
  *Allison is **awake**.* Allison est réveillée.
  *Thomas was very **ill** last Christmas.* Thomas a été très malade à Noël dernier.

- Les **adjectifs de nationalité** prennent une majuscule.

  *This **Chinese** restaurant is the best in town.*
  Ce restaurant chinois est le meilleur de la ville.

- Les **adjectifs composés** se forment à partir de différents éléments : adjectif, nom, adverbe, etc. Voici quelques exemples de construction.

Composition	Exemple	Traduction
adjectif + adjectif	*a **light blue** coat*	un manteau bleu clair
adjectif + nom + *-ed*	*a **black-haired** girl*	une fille aux cheveux noirs
1er élément + participe présent	*a **good-looking** princess*	une belle princesse
1er élément + participe passé	*a **well-known** writer*	un écrivain célèbre

3 **Comment dirais-tu que... ?**

1. ton frère a peur de dormir seul. → My brother ....

2. tu as été malade la semaine dernière. → ....

3. Elisa est réveillée, mais Sebastian est encore endormi.

→ ....

4. ton professeur de piano est une femme aux yeux bleus.

→ ....

5. il y a une voiture rouge foncé devant le restaurant.

→ ....

SCORE ..../5

COUP DE POUCE

Utilise deux adjectifs composés.

Corrigés p. 4

TOTAL ..../ 21

6 L'adjectif au comparatif

Le comparatif d'égalité

L'adjectif mis au comparatif permet de **faire une comparaison** entre deux personnes, deux choses, deux groupes.

- Pour former le **comparatif d'égalité**, on utilise la structure : *as* + adjectif + *as* + complément du comparatif.

  *Helen's dress is **as** expensive **as** Susan's.*
  La robe d'Hélène est aussi chère que celle de Susan.

- Pour exprimer l'**absence d'égalité**, il suffit d'ajouter *not*.

  *Jessica is**n't as** old **as** Ben.*
  Jessica n'est pas aussi âgée que Ben.

INFO
As peut être suivi indifféremment d'un adjectif long ou court.

1 Compare les personnages à l'aide des adjectifs donnés. Inspire-toi de l'exemple.

Ex. : *patient: mother – father +*
→ *My mother is not as patient as my father.*

funny: brother – sister +
1. ....

pretty: the witch – the princess +
2. ....

careful: Sam – Ben +
3. ....

SCORE ..../3

Le comparatif d'infériorité

- Pour former le **comparatif d'infériorité**, on utilise la structure : *less* + adjectif + *than* + complément du comparatif.

  *Mrs Simpson is **less** patient **than** Mrs Bridge.*
  Mme Simpson est moins patiente que Mme Bridge.

2 **Construis des phrases logiques avec un comparatif d'infériorité et les adjectifs suivants :** strong – adventurous – sunny – popular.

1. A puppy / a dog → ....
2. My neighbour / Robbie Williams → ....
3. My friend / Superman → ....
4. Canada / California → ....

SCORE .... /4

> **INFO**
> *Less* s'emploie indifféremment devant un adjectif long ou court.

Le comparatif de supériorité

- Pour former le comparatif de supériorité des **adjectifs courts**, on utilise la structure : adjectif + *-er* + *than* + complément. Sont dits courts les adjectifs d'une syllabe et ceux de deux syllabes terminés par *-y*, *-er* ou *-le*.

  *Bill is tall**er than** John.* Bill est plus grand que John.

  Attention aux modifications orthographiques !

  *heavy → heav**ier***   *big → bi**gger***   *fat → fa**tter***

- Pour former le comparatif de supériorité des **adjectifs longs**, on utilise la structure : *more* + adjectif + *than* + complément.

  *A lion is **more** dangerous **than** a zebra.* Un lion est plus dangereux qu'un zèbre.

3 **À partir de ces éléments, construis des phrases contenant un comparatif de supériorité.**

Ex. : *he / careful / the bus driver → He is more careful than the bus driver.*

1. a fruit juice / tasty / a soda → ....
2. my dog / dirty / yours → ....
3. a forest / big / a park → ....
4. caviar / expensive / ham → ....

SCORE .... /4

> **ATTENTION**
> Un des adjectifs doublera sa consonne finale.

Les comparatifs irréguliers

- *good* → ***better*** (meilleur)   *bad* → ***worse*** (pire)   *far* → ***farther*** (plus loin)
- *Far* a en fait deux comparatifs : *farther* (plus loin) et *further*.

  *New York is **farther** away than London.* New York est plus éloignée que Londres.

  *We need **further** information.*

  Nous avons besoin de renseignements complémentaires.

4 **Complète chaque phrase avec l'adjectif au comparatif de supériorité.**

1. We all spoke Spanish but my friend spoke .... (well)
2. His birthday party was .... than last year; we left earlier. (bad)
3. Walk a little .... and you'll find the store. (far)
4. We need .... details to complete your file. (far)

SCORE .... /4

> **COUP DE POUCE**
> Phrase 3 : le verbe *walk* introduit l'idée de distance réelle.

Corrigés p. 5

TOTAL .... / 15

7 L'adjectif au superlatif

Le superlatif de supériorité

L'adjectif mis au superlatif de supériorité permet de désigner la personne ou la chose possédant la **qualité à son plus haut degré**.

- Superlatif des **adjectifs courts** (voir unité 6) : ***the*** + adjectif + ***-est***.

  *This is **the** small**est** insect in the world.* C'est le plus petit insecte du monde.

- Superlatif des **adjectifs longs** (voir unité 6) : ***the most*** + adjectif.

  *I have just visited **the most** interesting museum in the world.*
  Je viens de visiter le musée le plus intéressant du monde.

ATTENTION
Prends garde aux adjectifs qui se terminent par consonne + y : le y se transforme en i lors de la formation du superlatif.

★ 1 Donne le superlatif des adjectifs suivants.

1. early → ....
2. simple → ....
3. pleasant → ....
4. big → ....
5. boring → ....
6. powerful → ....
7. quiet → ....
8. happy → ....
9. attractive → ....
10. patient → ....

SCORE ..../10

Le complément du superlatif

- Lorsque le complément du superlatif est un nom de lieu, il est introduit par la **préposition *in***.

  *Central Park is the biggest park **in** the city.*
  Central Park est le plus grand parc de la ville.

- Dans les autres cas, on fait suivre le superlatif de la **préposition *of***.

  *John is the most talented artist **of** the year.*
  John est l'artiste le plus talentueux de l'année.

ATTENTION
Fais bien la distinction entre les compléments du superlatif qui expriment le lieu et les autres.

★ 2 Ajoute la bonne préposition.

1. Charlize is the youngest pupil .... this classroom.
2. Victor Hugo was the best writer .... the century.
3. He is the most famous actor .... the world.
4. This is the most surprising moment .... my life.
5. It's the most expensive present .... all.

SCORE ..../5

Charlize

Les superlatifs irréguliers

- *Good*, *bad*, *far* ont un superlatif de supériorité irrégulier.

	Comparatif	Superlatif
good	*better* (meilleur)	*the best* (le meilleur)
bad	*worse* (pire)	*the worst* (le pire)
far	*farther* (plus loin), *further*	*the farthest* (le plus loin), *the furthest*

3 Compare les résultats de Jim, Jenny et Bob en utilisant des superlatifs irréguliers.

1. Jim is .... at French.
2. Jenny is .... at French.
3. Bob .... at maths.
4. Jenny .... at maths.
5. Jenny .... at English.
6. Bob .... at English.

	French	Maths	English
Jim	12	16	9
Jenny	17	10	14
Bob	15	18	8

SCORE .... /6

INFO
Utilise les superlatifs de *good* and *bad*.

4 À partir des éléments ci-dessous, construis des phrases contenant un superlatif.

Ex. : *This is / dangerous / street I've ever seen.*
→ *This is the most dangerous street I've ever seen.*

1. These are / high / buildings I've ever seen. → ....
2. This is / good / rap group in the world. → ....
3. This is / old / castle in the region. → ....
4. This is / bad / film I've ever seen. → ....
5. This is / patient / teacher in the school. → ....

SCORE .... /5

COUP DE POUCE
Deux adjectifs ont un superlatif irrégulier.

5 Complète chacun de ces débuts de phrases en utilisant un de ces adjectifs au superlatif : long – short – near – far – high – low.

1. The Great Wall is ....
2. The Sears Towers in Chicago ....
3. Mount Everest ....
4. The Mississippi river is ....

SCORE .... /4

ATTENTION
N'oublie pas le complément du superlatif : *in the world*.

Corrigés p. 5

TOTAL .... / 30

LE GROUPE NOMINAL

8 Les pronoms personnels et réfléchis

Les pronoms personnels

- En anglais, comme en français, les pronoms personnels **sujets** permettent de conjuguer le verbe.

I	we
you	you
he, she, it	they

Note bien qu'à la 3e personne du singulier, *it* fait référence à un animal ou à un objet.

- Les pronoms personnels **compléments** se placent toujours après le verbe.

me	us
you	you
him, her, it	them

Him fait référence à une personne de sexe masculin. *Her* fait référence à une personne de sexe féminin.

- **Attention** : on emploie le pronom personnel sujet, et non le pronom personnel complément, dans la construction suivante.

My cousin and I are going to the concert. Mon cousin et moi allons au concert.

★ 1 Complète avec un pronom personnel complément.

1. The thief is running away. Stop .... ! • **2.** She's got a problem. Can you help .... ? • **3.** Would you like to come with .... ? We're going to the cinema. • **4.** I'm speaking. Listen to .... , please! • **5.** I've bought a new dress. Do you like .... ? • **6.** This cake is delicious. Taste .... ! • **7.** Call .... tonight, I have got something to tell you. • **8.** John and Mary! Daddy brought .... a present. • **9.** Bring .... some water. We're thirsty. • **10.** Wait for .... , I'm coming.

SCORE .... /10

ATTENTION
Les noms de choses sont féminins ou masculins en français. En anglais, ils sont neutres.

★★ 2 Complète avec un pronom personnel sujet ou complément.

1. Where are the bus drivers? .... are at the restaurant.

2. Buy this dictionary, ... 's not expensive.

3. Children mustn't drink wine. It's bad for ....

4. Take your umbrella, ... may rain.

5. Call .... tonight, we'll be at home.

SCORE .... /5

ATTENTION
Rain est un verbe impersonnel.

★★ 3 Construis des phrases avec ces listes de mots.

1. they / us / to / talking / were → ....

2. he / shopping / 's / his / doing → ....

3. me / forgot / call / to / she → ....

4. will / party / at / he / her / see / the → ....

SCORE .... /4

COUP DE POUCE
Les pronoms personnels compléments se placent après le verbe et la préposition *to*.

Les pronoms réfléchis

- On emploie un pronom réfléchi lorsque le sujet et le complément du verbe représentent la **même personne**. L'équivalent en français est souvent un verbe pronominal.

myself	ourselves
yourself	yourselves
himself, herself, itself	themselves

*We enjoyed **ourselves** at your party.*
Nous nous sommes amusés à ta fête.

Attention : en anglais, on emploie **sans pronom réfléchi** des verbes qui expriment des **actions habituelles** ou **machinales** et qui sont pronominaux en français. Retenez : *wake up* (se réveiller), *get up* (se lever), *make up* (se maquiller), *shave* (se raser), *wash* (se laver), *dress* (s'habiller), *feel* (se sentir), *meet* (se rencontrer).

Get dressed! Habille-toi !
We get up at 7 every morning. Nous nous levons à 7 heures tous les matins.

- Les pronoms réfléchis servent aussi à **insister sur le sujet**.

*She did it **herself**.* Elle l'a fait elle-même.
*He will tell you **himself**.* Il te le dira lui-même.

★★ 4 Utilise un pronom réfléchi pour compléter chaque phrase et indique à quel dessin correspond chacune d'entre elles.

- She is painting the ceiling .... ☐
- She is looking at .... ☐
- He cut .... ☐
- They enjoyed .... ☐

INFO
Retiens l'expression *enjoy yourself* : amuse-toi bien.

1.

2.

3.

4.

SCORE ..../4

Corrigés p. 6

TOTAL ..../ 23

LE GROUPE NOMINAL

9 L'expression de la possession

Les déterminants possessifs

- En anglais, comme en français, les déterminants possessifs **varient selon le possesseur**.

	Un possesseur	Plusieurs possesseurs
1re personne	my ball	our ball
2e personne	your ball	your ball
3e personne	his, her, its ball	their ball

À la 3e personne du singulier, on choisit ***his*** (masculin), ***her*** (féminin) ou ***its*** (neutre), en fonction du possesseur.

- Mais contrairement au français, ils **ne varient pas avec le nom déterminé**.

*I like **your** jacket and **your** trousers.* J'aime ta veste et ton pantalon.

- Le déterminant possessif s'emploie plus souvent en anglais qu'en français, en particulier pour désigner les parties du corps et les vêtements.

*He is wearing **his** hat on **his** head.* Il porte un chapeau sur la tête.

★ **1** **Complète avec un déterminant possessif.**

1. Henry has just gone out. He has forgotten .... umbrella. • **2.** Bill and I are going to leave soon. We are packing .... suitcases. • **3.** I love Paul but I don't like .... dog. • **4.** Samantha forgot .... bag at the party yesterday. • **5.** Put the rabbit in .... box!

SCORE ..../5

ATTENTION
Le déterminant possessif qui renvoie à un possesseur animal est neutre. On peut cependant employer le masculin ou le féminin pour un animal domestique.

Le génitif (cas possessif)

- Le génitif permet d'exprimer **la possession ou une relation de parenté**. Il se construit selon ce schéma :

nom du possesseur + **'s** + nom de l'objet possédé sans déterminant

*My **friend's** watch is broken.* La montre de mon ami est cassée.
*Fred is **Jennifer's** brother.* Fred est le frère de Jennifer.

- **Au pluriel**, le s disparaît, mais l'apostrophe demeure.

*My **parents'** neighbours are really nice.*
Les voisins de mes parents sont vraiment gentils.

Lorsque le nom du possesseur a un pluriel irrégulier, on emploie *'s*.

*Look at the **policemen's** horses.* Regarde les chevaux des policiers.

Attention : Le génitif s'emploie avec des noms de personnes et d'animaux, mais ne peut pas s'employer avec des noms d'objets concrets.

On dira ainsi : *the leg **of** the table* (le pied de la table).

- Certains noms comme ***shop***, ***house***, ***church*** sont généralement sous-entendus après le *'s*.

*Tonight I'll sleep at **Mrs Field's** [Mrs Field's house].* Ce soir, je dormirai chez Mme Field.

2 Construis le génitif comme dans l'exemple.

Ex. : *Ben has got a moped.* → *It's Ben's moped.*

1. My friends have got a jeep. → ....
2. Mrs Stanford has got a new nephew. → ....
3. The boys have got an electric train. → ....
4. The headmaster has got an office. → ....
5. Elizabeth has got dogs. → ....

SCORE ..../5

COUP DE POUCE

Phrase 5 : *dogs* est au pluriel ; le sujet de la phrase à construire sera donc au pluriel.

3 Comment dirais-tu que... ?

1. la valise de ce touriste est perdue → ....
2. ce sont les vélos des enfants → ....
3. ils ont perdu la clé du coffre → ....
4. tu aimes l'appartement de ta cousine → I ....
5. la chambre de tes frères est agréable → ....

SCORE ..../5

INFO

- coffre : *safe*
- perdre : *to lose (lost, lost)*

Les pronoms possessifs

- Observe ces deux phrases :

  *It's **my bike*** [déterminant possessif + nom]. C'est mon vélo.
  → *It's **mine*** [pronom possessif]. C'est le mien.

- On choisit le pronom possessif en fonction du possesseur.

	Un possesseur	Plusieurs possesseurs
1re personne	mine	ours
2e personne	yours	yours
3e personne	his, hers, its	theirs

- *Whose* est le mot interrogatif qui interroge sur l'appartenance.

4 À partir des deux éléments donnés, écris la question et la réponse correspondante.

Ex. : *Henry / guitar* → *Whose guitar is it? It's Henry's. It's his.*

1. Robert / moped → ....
2. her parents / TV → ....
3. his grandparents / radio → ....
4. the children / toys → ....
5. Judy / skirt → ....

SCORE ..../5

Corrigés p. 6

TOTAL ..../20

10 Les pronoms relatifs

Le pronom relatif est sujet

- Pour savoir quel pronom relatif employer, tu dois trouver son **antécédent** (le mot qu'il représente). On n'emploie pas le même pronom :
  - si l'antécédent est un être animé ou s'il est une chose ;
  - si le pronom relatif est sujet ou complément dans la subordonnée.
- Si le pronom relatif est sujet, on utilise ***who*** ou ***which***.

L'antécédent désigne un être animé : *who*	L'antécédent désigne une chose : *which*
*Look at the girl **who** is dancing.* Regarde la fille qui danse.	*I've got a book **which** is very interesting.* J'ai un livre qui est très intéressant.

- On peut également employer le pronom relatif ***that*** à la place de *who* ou *which*, mais uniquement si la relative est déterminative (c'est-à-dire si on ne peut pas la supprimer).

  *Look at the girl **who** is dancing. Look at the girl **that** is dancing.*

★ 1 Complète les phrases suivantes avec *who* ou *which*.

1. She has got a son .... looks like her.
2. You can eat the sandwich .... is in the kitchen.
3. My cousin told me a story .... was very funny.
4. Look at the photos .... are on the table.
5. The man .... is wearing a black hat is my neighbour.

SCORE ..../5

COUP DE POUCE
On utilise *who* quand l'antécédent désigne un être animé, *which* quand l'antécédent désigne une chose.

Le pronom relatif est complément

- Si le pronom relatif est complément dans la subordonnée, on utilise ***who(m)***, ***which***, ***that*** ou **Ø** (le pronom relatif zéro).

L'antécédent désigne un être animé : *who(m), that* ou *Ø*.	L'antécédent désigne une chose : *which, that* ou *Ø*.
*The boy **who(m)** you met is my best friend.* Le garçon que tu as rencontré est mon meilleur ami.	*The story **which** he told me is unbelievable!* L'histoire qu'il m'a racontée est incroyable !

- *That* ou *Ø* ne peuvent remplacer *who* ou *which* que si la relative est déterminative.

  *Tell me about the boy **Ø** you've met. Tell me about the boy **that** you've met.*

- La **préposition** qui accompagne, éventuellement, le pronom relatif est généralement rejetée en fin de proposition. Le rejet est obligatoire lorsque l'on emploie *that* ou quand le pronom relatif est sous-entendu.

  *The chair **which** he is sitting **on** is broken. The chair **Ø** he is sitting **on** is broken.*
  La chaise sur laquelle il est assis est cassée.

★ 2 À partir des deux phrases données, construis une seule phrase contenant une subordonnée relative.

Ex. : *There's a museum. I'd like to visit it.* → *There's a museum which I'd like to visit.*

1. I have a friend. He's an actor. → ....

2. There's a film. I'd like to see it. → ....

3. I know a man. He's an archaeologist. → ....

4. They live in a house. It's very comfortable.

→ ....

SCORE ..../4

COUP DE POUCE
Tu peux sous-entendre le pronom lorsque celui-ci est complément.

★★ 3 Relie débuts et fins de phrases. Puis entoure le numéro des phrases dans lesquelles on peut supprimer le pronom relatif.

1. This is the biggest museum •	• which comes from Brighton.
2. We'll take the train •	• that she has ever visited.
3. I don't like the film •	• which I bought in China.
4. I've got a ring •	• that she is talking to?
5. Do you know the man •	• that I saw yesterday.
6. Look at the girl •	• who is running.

SCORE ..../6

COUP DE POUCE
Regarde d'abord les antécédents pour reconstituer les phrases.

★★ 4 Complète le texte ci-dessous avec des pronoms relatifs ou Ø.

Yesterday I was driving my car when I saw a man .... was hitch-hiking. I noticed him because he was carrying a bag .... seemed too big for him. The girl .... he was talking to was tall and blond. The car .... I was driving was too small for three; so I didn't take them. When I got back home in the evening I recognized the two people .... were sitting on my sofa. They were the two hitch-hikers and they were speaking with my husband; the man was actually his cousin .... he hadn't seen in years. I looked at them and smiled.

SCORE ..../6

INFO
• *hitch-hike*: faire de l'auto-stop
• *actually*: en fait

Corrigés p. 6-7

TOTAL ..../ 21

11 Les prépositions

Les prépositions de lieu

- En anglais, comme en français, les prépositions servent à introduire un complément. Elles sont invariables. Voici les principales prépositions de sens spatial.
Construis des phrases avec ces mots dans le désordre.

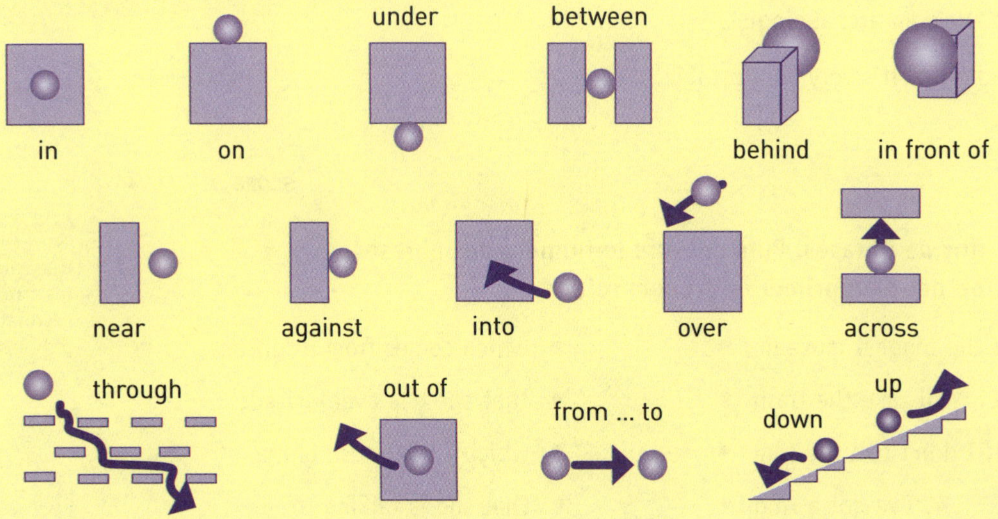

★ 1 Construis une phrase avec chaque liste de mots.

1. clouds / the / flying / the / is / over / plane

→ ....

2. door / are / John and Betty / sitting / between / and / the / window / the

→ ....

3. Peter / ice rink / with / is / to / going / brother / his / the

→ ....

SCORE ..../3

INFO
- *fly over* : voler au-dessus de
- *to* employé avec le verbe *go* indique une direction.

Autres prépositions très courantes

about	*What is the story **about**?* Quel est le sujet de l'histoire ? De quoi parle l'histoire ?
after	*Daisy will meet her friends **after** school.* Daisy retrouvera ses amis après l'école.
at	*Meg was **at** the theatre.* Meg était au théâtre. *Her train leaves **at** five.* Son train part à 5 heures.
before	*She'll have dinner **before** coming.* Elle dînera avant de venir.
by	*They went to Germany **by** train.* Ils sont allés en Allemagne en train.
during	*Celia kept talking **during** the film.* Celia n'arrêtait pas de parler pendant le film.
for	*These letters are **for** Dora.* Ces lettres sont pour Dora. *Amy slept **for** three hours.* Amy a dormi pendant trois heures.

instead of	*Barry went skiing **instead of** going to England.* Barry est allé skier au lieu d'aller en Angleterre.
like	*She speaks **like** a baby.* Elle parle comme un bébé.
of	*Have a glass **of** milk.* Prends un verre de lait.
past	*It's ten **past** five.* Il est 5 heures 10. *You had to walk **past** the ice rink.* Il fallait passer devant la patinoire.
since	*Eddie hasn't slept **since** Thursday*. Eddie n'a pas dormi depuis jeudi.
with	*Edith is going to the beach **with** Ann.* Edith va à la plage avec Anne.
without	*Mr Hill never goes out **without** his hat.* M. Hill ne sort jamais sans son chapeau.

2 **Complète les phrases en choisissant parmi les prépositions suivantes :** like – by – of – since – instead of – for – last – with.

1. I like travelling .... train. • **2.** They went to the mountains .... going to the seaside. • **3.** Would you like to come .... us? • **4.** I worked .... three hours. • **5.** What is the title .... the film?

SCORE ..../5

COUP DE POUCE
Instead of est suivi d'une base verbale + -ing (gérondif).

Emplois particuliers

- Certains **verbes (transitifs indirects)** se construisent toujours avec une préposition.
  *Mrs Kane is **waiting for** her husband.* Mme Kane attend son mari.
  *Mike is **looking at** some pictures.* Mike regarde des photos.
  *The children are **laughing at** him.* Les enfants se moquent de lui.
- Certains **adjectifs** sont toujours suivis de la même préposition.
  *I am **afraid of** dogs.* J'ai peur des chiens.
  *Mary is **interested in** physics.* Mary s'intéresse à la physique.
- **Attention** : dans une question, la préposition reste après le verbe ou l'adjectif.
  *What is she **interested in**?* À quoi s'intéresse-t-elle ?
  *What is he **listening to**?* Qu'est-ce qu'il écoute ?

3 **Comment dirais-tu que... ?**

1. la librairie est entre le cinéma et la boulangerie.
→ ....

2. elle ne parle pas français. Elle vient d'Angleterre.
→ ....

3. ses amis se sont moqués de lui. → ....

4. il attend sa sœur dans la rue. → ....

5. ils vont en Italie tous les ans. → ....

SCORE ..../5

INFO
se moquer de : *to laugh at*

Corrigés p. 7

TOTAL ..../ 13

12 Be, have et have got

Be

- Voici les formes de *be* au présent et au prétérit à la forme affirmative.

Présent		Prétérit	
I am	we are	I was	we were
you are	you are	you were	you were
he, she, it is	they are	he, she, it was	they were

- Pour obtenir la **forme interrogative**, on fait l'inversion : le verbe passe avant le sujet.

  ***Were** the children at home?* Est-ce que les enfants étaient à la maison ?

- Pour obtenir la **forme négative**, on ajoute la négation *not*.

  *Gerald is **not** [isn't] good at maths.* Gérald n'est pas bon en maths.

- Plusieurs **expressions** contenant le verbe « avoir » en français se construisent avec *be* en anglais. Apprends-les.

  *I **am** cold, warm, hot.* J'ai froid, chaud, très chaud.
  *I **was** very hungry and thirsty.* J'avais très faim et soif.
  *Peter **is** sleepy.* Peter a sommeil.
  *I **am** not afraid of spiders.* Je n'ai pas peur des araignées.
  *Eva **will be** 14 next month.* Eva aura 14 ans le mois prochain.
  *I **am** right and you **are** wrong.* J'ai raison et tu as tort.
  *He **was** very lucky.* Il a eu beaucoup de chance.

★★ 1 Comment dirais-tu que... ?

1. Paul aura 15 ans demain → Paul has 15 years old tomorow
2. ils avaient très chaud et soif → ....
3. tu as froid et tu as sommeil → I ....
4. il a peur des chiens et des chats → ....
5. le père de Paul pense qu'il a toujours raison → ....

SCORE ..../5

ATTENTION
N'utilise pas le même verbe en anglais et en français.

Have et have got

- *Have got* permet d'exprimer la possession. Il ne s'emploie **qu'au présent**. Pour exprimer la possession aux autres temps qu'au présent, on utilise *have*, verbe ordinaire.

I have got	we have got
you have got	you have got
he, she, it has got	they have got

  - Pour construire la **forme interrogative** de *have got*, on fait l'inversion.

    ***Have** you got a computer?* As-tu un ordinateur ?

  - Pour construire la **forme négative**, on ajoute la négation après *have*.

    *I have**n't** got a bike.* Je n'ai pas de vélo.

- Le **verbe ordinaire *have*** se construit **à tous les temps**. Aux formes interrogative et négative, il se conjugue avec l'auxiliaire *do* au présent simple et avec *did* au prétérit. Il est souvent employé dans des **expressions** où il se traduit par « prendre », « faire... »

  Did you have lunch at the restaurant? As-tu déjeuné au restaurant ?
  Did they have a good time? Se sont-ils bien amusés ?
  He doesn't have a bath in the morning. Il ne prend pas de bain le matin.
  Did you have a nice walk? As-tu fait une belle promenade ?

  Il peut également exprimer la **possession** (surtout en anglais américain.)

  Do you have a computer? – Yes, I do. As-tu un ordinateur ? – Oui.

★ 2 Complète les phrases suivantes avec *be* ou *have* à la forme qui convient.

1. Larry can drive because he .... eighteen.
2. Jackie .... a bath every morning.
3. Come with us. Let's .... a drink.
4. This is a good answer. You ....are....... right.
5. I didn't .... a violin lesson yesterday.

SCORE ..../5

COUP DE POUCE
Vérifie que tu as employé deux fois le verbe *be* et trois fois le verbe *have*.

La forme contractée

- Ne confonds pas les formes contractées de *be* et *have* à la 3e personne du singulier.

  *He's (got) a new DVD. = He **has** (got) a new DVD.* Il a un nouveau DVD.
  *He's an architect. = He **is** an architect.* Il est architecte.

  La forme contractée de ***be*** n'est pas suivie de ***got***.

★★ 3 Cécilia a rendez-vous avec Barney. Aide-la à le reconnaître. Remplace, lorsque c'est possible, le *'s* par *has* ou *is*.

Ex. : *Barney's got a black umbrella.* → *has*

1. Barney's glasses are blue.
→ ....
2. Barney's got five roses in his right hand.
→ ....
3. Barney's not very fat. → ....
4. Barney's hat's grey. → ....
5. Barney's got a newspaper in his left pocket.
→ ....
6. Barney's wearing a tie. → ....
7. Barney's shoes aren't black and white.
→ ....

SCORE ..../7

COUP DE POUCE
Lis bien les descriptions et procède par élimination pour trouver Barney.

Corrigés p. 7-8

TOTAL ..../ 17

LE GROUPE VERBAL

13 Présent simple ou présent en *be* + V-*ing* ?

La formation du présent simple

- À la forme affirmative, on utilise la base verbale à toutes les personnes, sauf à la **3e personne du singulier** où l'on ajoute un *-s*.
  Cette terminaison doit s'entendre et se prononce [s], [z] ou [ɪz].
  *I **like** tea but my brother **prefers** coffee.* J'aime le thé, mais mon frère préfère le café.
- Les **formes interrogative et négative** se construisent **avec *do*** (qui devient ***does*** à la 3e personne du singulier). Note bien l'ordre des mots.
  ***Do** you **like** detective films?* Est-ce que tu aimes les films policiers ?
  *He **doesn't read** poems.* Il ne lit pas de poèmes.

★★ **1** **Construis des phrases au présent simple avec les listes de mots. Il y a un mot en trop dans chaque liste : dis pourquoi tu ne peux pas l'utiliser.**

1. do / your / does / what / friend / Canadian / neighbours / ? ....
....
2. meat / doesn't / eat / my / American / eats / cousin ....
....
3. always / her / Tuesday / she / Tuesdays / on / washes / hair ....
....

SCORE ..../3

> **COUP DE POUCE**
> Observe bien les mots qui se ressemblent beaucoup et demande-toi lequel rendrait la phrase incorrecte.

La formation du présent en *be* + V-*ing* (ou présent progressif)

- Il se forme avec ***be*** conjugué au présent et la base verbale terminée par *-ing*.
  *She **is listening** to the radio.* Elle écoute la radio [en ce moment].
- Pour obtenir la **forme interrogative**, on fait l'inversion : l'auxiliaire passe avant le sujet.
  ***Is** he **working**?* Travaille-t-il [en ce moment] ?
- Pour obtenir la **forme négative**, on ajoute ***not*** après l'auxiliaire ***be***.
  *Peter **isn't watching** the match.* Peter ne regarde pas le match [en ce moment].

★ **2** **Complète les phrases suivantes à l'aide du *question tag* qui convient.**

1. Carl's paying for the drinks, ... ?
2. Your children collect stamps, ... ?
3. Angela likes detective films, ... ?
4. You don't remember it, ... ?
5. You aren't listening to the radio, ... ?

SCORE ..../5

> **COUP DE POUCE**
> Quel auxiliaire te permettra de construire les *question tags* correspondant aux phrases au présent simple ?

Emplois du présent simple et du présent en *be* + V-*ing*

- Le **présent simple** sert à exprimer :
  - des actions habituelles, répétées (les phrases contiennent alors souvent des adverbes de fréquence) ;
    *They **often go** to the theatre.* Ils vont souvent au théâtre.
  - des vérités générales, des faits permanents.
    *The sun **rises** in the east.* Le soleil se lève à l'est.

  Les verbes exprimant un sentiment, une volonté, une opinion (*want*, *know*, *understand*) se mettent également toujours au présent simple et jamais au présent en *be* + V-*ing*, car ce qu'ils expriment ne concerne pas seulement le moment présent.
    ***I don't agree** with you.* Je ne suis pas d'accord avec toi.
- Le **présent** en *be* + V-*ing* s'emploie :
  - pour parler d'actions qui se déroulent en ce moment ;
    *He **is making** a cake.* Il fait un gâteau.
  - avec des verbes de position ;
    *I **am sitting** but Meg **is standing**.* Je suis assis, mais Meg est debout.
  - pour parler d'actions futures que l'on a déjà décidées.
    *Stacy **is coming** next week.* Stacy vient la semaine prochaine.

★ 3 Conjugue les verbes donnés au présent simple ou au présent en *be* + V-*ing* selon le cas.

Ex. : *Bill often* .... *TV. (watch)* → *Bill often watches TV.*

1. She always .... a speech on her birthday. (make)
2. They can't play cards now, they .... (work)
3. I often .... him books. (lend)
4. Be careful! You .... on my foot. (walk)
5. I .... your parents very well. (know)

SCORE ..../5

COUP DE POUCE
Deux phrases contiennent des adverbes de fréquence. Quel temps dois-tu employer ?

★★ 4 Ted t'a laissé un message, mais des bruits t'ont empêché d'entendre certains mots. Pose les questions qui te permettront de comprendre son message.

1. I'm going to the ???. • **2.** I usually go to the library on ???. • **3.** I often borrow ???. • **4.** I like detective books very much because ???. • **5.** I am talking to the ???. • **6.** The librarian prefers ???.

1. ....
2. ....
3. ....
4. ....
5. ....
6. ....

SCORE ..../6

ATTENTION
Certaines phrases sont au présent simple ; les autres sont au présent en *be* + V-*ing*. Tu ne dois pas utiliser le même auxiliaire pour construire tes questions.

INFO
librarian : bibliothécaire

Corrigés p. 8

TOTAL ..../ 19

14 Prétérit simple ou prétérit en *be* + V-*ing*?

Le prétérit simple : forme affirmative

- Le prétérit des **verbes réguliers** se termine par ***-ed*** à toutes les personnes :

  *play → play**ed***

  La terminaison doit s'entendre : on prononce [d] ou [t] selon la voyelle ou la consonne qui précède : *repair**ed*** [d], *ask**ed*** [t]. On prononce [ɪd] lorsque la base verbale se termine par le son [t] ou [d] : *paint**ed***, *decid**ed***.

- Certains verbes ne forment pas leur prétérit en ***-ed***. Ils ont une **forme irrégulière** qu'il faut apprendre par cœur. Cette forme est la même à toutes les personnes.

  *take → I **took**, you **took**...* *come → I **came**, you **came**...*

1 **Complète le texte ci-dessous en mettant ces verbes au prétérit simple :**
follow – be (×2) – arrest – get – buy – leave – go – see.

INFO
Sir Conan Doyle a écrit la série des *Sherlock Holmes*.

1. The detective .... in Baker Street when he .... the thief.

2. He .... him.
3. The thief .... into a taxi and .... to a bookshop.
4. He .... a book by Sir Conan Doyle.
5. But he .... very unlucky because Sherlock Holmes .... him when he .... the bookshop.

SCORE ..../9

Le prétérit simple : formes interrogative et négative

- Ces formes se construisent de la même manière pour les verbes réguliers et les verbes irréguliers. On utilise l'auxiliaire ***did*** (prétérit de ***do***) à toutes les personnes ; le verbe reste à la base verbale.

  ***Did** you **call** Jane yesterday?* As-tu appelé Jane hier ?
  *I **didn't speak** to her.* Je ne lui ai pas parlé.

2 **Mets les phrases suivantes à la forme interrogative, puis négative.**

COUP DE POUCE
La phrase 3 contient l'auxiliaire *be*. Tu n'utiliseras donc pas *did* pour construire sa forme interrogative et négative.

1. They lived in the country. → .... ?
....
2. She gave him a watch. → .... ?
....
3. They were proud of her. → .... ?
....

SCORE ..../6

Ago

- L'adverbe ***ago*** s'emploie pour parler du temps écoulé depuis la fin d'une action. Il est toujours placé après l'expression de temps et s'emploie avec le prétérit simple.

  *When **did** you buy your hat? I **bought** it two weeks **ago**.*
  Quand as-tu acheté ton chapeau ? Je l'ai acheté il y a deux semaines.

3 **Réponds aux questions suivantes en utilisant le complément de temps donné et *ago*.**
Ex. : *When did your parents leave? (a week) → They left a week ago.*

1. When did Angela win the cup? (two months) → ....
2. When did you visit China? (four years) → ....
3. When did Helen buy the tickets? (three days) → ....

SCORE ..../3

ATTENTION
N'oublie pas que c'est le verbe qui doit prendre la marque du prétérit dans la réponse.

Le prétérit en *be* + V-*ing* (ou prétérit progressif)

- Le prétérit en *be* + V-*ing* **se forme** avec *be* au prétérit + base verbale + *-ing*. Il **s'emploie** pour exprimer des actions qui étaient en cours dans le passé.

  ***Was** she **watching** TV?* Est-ce qu'elle regardait la télévision ?
  *They **weren't** sleeping.* Ils ne dormaient pas.

- Il s'emploie souvent en opposition avec le prétérit simple. Le prétérit en *be* + V-*ing* exprime alors l'action qui se déroulait dans le passé et avait une certaine durée. Le prétérit simple exprime un fait nouveau qui se produit.

  *Jenny **was waiting** for the bus when she saw him.*
  Jenny attendait le bus quand elle le vit.

4 **Mets les mots dans le bon ordre et construis des propositions reliées par *when*.**

1. having / she / bath / a / was •	when	• he / cooking / was
2. on / the / jumping / they / bed / were •		• knocked / door / the / someone / at
3. broke / plate / a / he •		• father / their / arrived

COUP DE POUCE
Observe bien les dessins pour construire des phrases logiques.

1. ....
2. ....
3. ....

SCORE ..../3

Corrigés p. 8-9

TOTAL ..../ 21

15 Le *present perfect*

Formation

- Il se forme toujours avec l'auxiliaire ***have* conjugué au présent** (souvent sous sa forme contractée) et le **participe passé du verbe**. Ce participe passé est invariable.

  *I**'ve repaired** my car.* J'ai réparé ma voiture.
  *He**'s repaired** his car.* Il a réparé sa voiture.

- Le participe passé des verbes réguliers se termine par *-ed*.

  *work → work**ed***   *receive → receiv**ed***

  Un certain nombre de verbes ont une forme irrégulière qu'il faut apprendre par cœur.

  *buy → **bought***   *see → **seen***

- À la **forme interrogative**, on fait passer l'auxiliaire *have* avant le sujet.

  ***Have** you **written** to your mother?* As-tu écrit à ta mère ?

  À la **forme négative**, on ajoute la négation *not* à l'auxiliaire.
  On emploie généralement la forme contractée

  *She **hasn't sent** the parcel.* Elle n'a pas envoyé le colis.

- Pour former une **réponse brève**, on utilise le pronom personnel sujet et l'auxiliaire *have*.
  Quand on répond par « oui », on ne doit pas employer la forme contractée.

  Have** you **forgotten** her address? – **Yes, I have.
  As-tu oublié son adresse ? – Oui.

★ 1 Que s'est-il passé entre la première et la seconde image ? Légende la seconde image à l'aide du verbe *buy* au *present perfect*.

....

SCORE ..../1

COUP DE POUCE
Utilise le *present perfect* pour parler d'une action passée qui a des conséquences dans le présent !

★★ 2 Construis avec les éléments donnés des phrases au *present perfect*.

Ex. : *the boy / wash / the car → The boy has washed the car.*

1. my cousin / buy / a new racket → ....
2. Philip / lose / his key → ....
3. I / finish / my exercise → ....
4. they / write / a long letter → ....

SCORE ..../4

ATTENTION
Vérifie que, dans chacune des phrases, tu as l'auxiliaire *have* et le participe passé du verbe.

3 En attendant les invités, toute la famille s'est activée. Complète les phrases en mettant les verbes donnés au *present perfect* pour savoir ce que chacun a fait.

1. Mr Jones .... the living room. (tidy)
2. Angela .... a fruit salad. (make)
3. Bill and Jane .... the bread. (buy)
4. Karen .... the plants. (water)
5. And Mrs Jones .... a long, relaxing bath. (have)

SCORE .... /5

ATTENTION
Les verbes réguliers se terminant par consonne + y changent leur y en i devant la terminaison en *-ed*.

Le *present perfect* avec *just*

- On peut employer le *present perfect* pour exprimer une action très récente, qui vient de se produire. Dans ce cas, on utilise l'adverbe *just*.

  *He has **just** left.* Il vient de partir.

4 Construis la question et réponds-y par oui.

Ex. : *you / make / the cake* → *Have you made the cake? – Yes, I've just made it.*

1. your parents / paint / their bedroom → ....
2. you / take / your umbrella → ....
3. Mary / drink / her glass of milk → ....
4. Bill and Bob / invite / Susan → ....
5. Teddy / repair / his moped → ....

SCORE .... /5

COUP DE POUCE
N'oublie pas de faire l'inversion dans les questions : l'auxiliaire *have* passe avant le sujet.

Le *present perfect* avec *for* et *since*

- Le *present perfect* permet également de parler d'une **action commencée dans le passé et qui se poursuit** dans le présent (en français, on utilise le présent).
- Il s'emploie alors :
  - avec ***for*** pour parler de la durée de l'action ;

    *He has been a doctor **for ten years**.* Il est médecin depuis dix ans.
  - avec ***since*** pour parler du point de départ de l'action.

    *He has been a doctor **since 1996**.* Il est médecin depuis 1996.

5 Complète les phrases suivantes en utilisant *for* ou *since*.

1. They have been married .... last September.
2. She has been a photographer .... two years.
3. We have known them .... three months.

SCORE .... /3

ATTENTION
Demande-toi si le complément de temps évoque une durée ou le point de départ de l'action.

Corrigés p. 9

TOTAL .... / 18

16 Prétérit simple ou *present perfect*?

Emplois du prétérit simple

- On utilise le prétérit si **l'action est terminée et située précisément dans le passé.**

  *We **met** them at the swimming pool yesterday.*
  Nous les avons rencontrés à la piscine hier.

  *They **left** before the end of the show.*
  Ils sont partis avant la fin du spectacle.

  *He **smoked** a lot before the meeting.*
  Il a beaucoup fumé avant la réunion.

- On l'emploie ainsi dans des phrases avec ***ago***.

  *I met her two days **ago**.*
  Je l'ai rencontrée il y a deux jours.

ATTENTION
Dois-tu employer l'auxiliaire *did* pour construire la forme interrogative des phrases contenant *was* ou *were*?

★★ 1

Un bruit bizarre t'a empêché d'entendre une partie de la phrase. Pose la question qui te permettra de comprendre de quoi il s'agit.

1. The book was on the ???. → ....
2. He arrived last ???. → ....
3. Tina gave me a ??? two days ago. → ....
4. Calvin called his ??? yesterday. → ....
5. Richard brought some ???. → ....
6. The children were frightened because ???. → ....

SCORE ..../6

Emplois du *present perfect*

- On utilise le *present perfect* si l'action s'est passée à un **moment non précisé** et qu'on peut **faire le lien avec le présent.**
  Ce temps permet en particulier :
  - d'insister sur les conséquences d'une action passée dans le présent ;

    *I **have broken** my glasses.* J'ai cassé mes lunettes.
    [Conséquence dans le présent : je ne peux pas lire.]

  - de faire le bilan d'une activité ou de ses expériences.

    *I'**ve travelled** a lot.* J'ai beaucoup voyagé.

- Le *present perfect* est souvent employé **avec des adverbes tels que *ever*, *never*, *already*, *not... yet***, puisqu'ils marquent bien le lien entre le présent et le passé.

  *Have you **ever** been to Japan?* Es-tu déjà allé au Japon ?
  *No, I've **never** been there.* Non, je n'y suis jamais allé.
  *I've **already** been to China.* Je suis déjà allé en Chine.
  *I have**n't** called my friends **yet**.* Je n'ai pas encore appelé mes amis.

2 Pose la question et réponds par oui en utilisant le complément de temps donné.

Ex. : *meet / a film star – four months ago*

→ *Have you ever met a film star?*

– Yes, I met a film star four months ago.

1. Jim / drink / champagne – two weeks ago

....

– ....

2. your friends / visit / the Science Museum – ten days ago

....

– ....

3. you / take / the Eurostar – two years ago

....

– ....

SCORE .... /3

ATTENTION

On utiliserait le même temps en français pour construire la question et la réponse. En est-il de même en anglais ?

3 Comment dirais-tu que... ?

1. Sally est journaliste depuis quatre ans.

....

2. elle est déjà allée en Espagne.

....

3. elle y est allée il y a trois ans.

....

4. elle a visité les États-Unis quand elle avait 15 ans.

....

5. elle n'est jamais allée à San Francisco.

....

SCORE .... /5

COUP DE POUCE

Ne te laisse pas influencer par le temps utilisé en français et pose-toi systématiquement les mêmes questions :
– s'intéresse-t-on au moment où l'action s'est produite ?
– s'agit-il d'une action commencée dans le passé qui se poursuit dans le présent ?

4 Mets les verbes donnés entre parenthèses au *present perfect* ou au prétérit.

1. Pat .... this museum last year. (visit)
2. We .... that film yet. (not see)
3. My teacher .... many books. (translate)
4. My parents .... late yesterday. (wake up)
5. Bob .... the plane two weeks ago. (take)

SCORE .... /5

COUP DE POUCE

Demande-toi, pour chaque phrase, si on précise à quel moment l'action s'est déroulée.

Corrigés p. 9-10

TOTAL .... / 19

17 L'expression de l'avenir

Be going to + base verbale

L'expression *be going to* sert souvent à **exprimer l'intention**, la résolution de faire quelque chose, ou à **prédire** un événement.

- À la **forme affirmative**, on a : sujet + *be going to* + base verbale. L'auxiliaire *be* se conjugue au présent. *Going to* et la base verbale restent invariables.

  *I **am going to** hire a car.* Je vais louer une voiture.
  *They **are going to** play chess.* Ils vont jouer aux échecs.

- À la **forme négative**, on a : sujet + auxiliaire *be* + *not* + *going to* + base verbale.

  *He **is not going to** break the plates.* Il ne va pas casser les assiettes.

- À la **forme interrogative**, on a : auxiliaire *be* + sujet + *going to* + base verbale.

  ***Is** he **going to** win?* Est-ce qu'il va gagner ?

1 ★ **Regarde l'agenda de Ralph et complète les phrases pour dire ce qu'il va faire jeudi.**

1. Next Thursday, Ralph .... play .... at half past four. • **2.** He .... going .... take his .... to the garage. • **3.** He is .... have .... with Jenny at .... o'clock. • **4.** Then they .... going .... see a detective .... together. • **5.** He .... go to the dentist's.

SCORE ..../12

COUP DE POUCE
Chaque espace correspond à un ou plusieurs mots manquants.

Le présent en *be* + V-*ing*

- On peut également exprimer le futur en utilisant le présent en *be* + V-*ing* lorsque la phrase contient un **marqueur de temps évoquant le futur** tel que *tomorrow*, *next week*...
- On utilise cette forme pour parler d'actions que l'on a décidé de faire.

  *He **is flying** to New York tomorrow.* Il prend l'avion pour New York demain.

2 ★★ **Trouve les questions qui correspondent aux réponses données** (tiens compte des mots soulignés).

1. ....? She's leaving <u>at half past ten</u>.

2. ....? <u>No</u>, I'm not going to invite the Millers.

3. ....? Next Saturday? I'm going to <u>go shopping</u>.

4. ....? They're going to call me <u>tomorrow</u>.

5. ....? Robert? <u>Yes</u>, he's taking the train next Friday.

SCORE ..../5

ATTENTION
N'oublie pas qu'une *yes/no question* ne commence pas par un mot interrogatif mais directement par l'auxiliaire.

Will + base verbale

- L'auxiliaire modal *will* permet souvent d'exprimer un **futur inévitable**, un fait qui n'est pas le résultat d'une décision.
- À la **forme affirmative**, on a : *will* (ou *'ll*) + base verbale.
  *Jerry's mother **will be** forty tomorrow.* La mère de Jerry aura quarante ans demain.
- À la **forme négative**, on a : *will not* (ou *won't*) + base verbale.
  *They **won't** destroy the old bridge.* Ils ne détruiront pas le vieux pont.
- À la **forme interrogative**, on a : *will* + sujet + base verbale.
  ***Will** you **go** to the country next week?* Iras-tu à la campagne la semaine prochaine ?

★ 3 Relie la réponse à la question correspondante.

Is she coming tonight? •	• Yes, they are.
Will John do the shopping? •	• The children will.
Who will take the dog out? •	• No, he'll stay at home.
Are they going to clean the car? •	• She'll go swimming.
What will she do tomorrow? •	• No, they won't.
Will they talk to him? •	• No, she isn't.

COUP DE POUCE
Observe bien les sujets et les auxiliaires pour choisir les bonnes réponses.

SCORE .... /6

Les subordonnées de temps à sens futur

- Dans les subordonnées de temps à sens futur introduites par ***when*, *as soon as***..., le verbe de la subordonnée est au présent en anglais, et non au futur comme en français.
  *I will visit the Empire State Building **when I am** in New York.*
  Je visiterai l'Empire State Building quand je serai à New York.
  ***As soon as she arrives** in Australia Kate will phone her parents.*
  Dès qu'elle arrivera en Australie, Kate téléphonera à ses parents.

★ 4 Réponds aux questions suivantes. Utilise *as soon as* dans la 3e phrase.

Ex. : *When will he call you?* (*arrive in Paris*) → *He'll call me when he arrives in Paris.*

1. When will she buy a new car? (have enough money)
   ....
2. When will she take her driving test? (be eighteen)
   ....
3. When will she speak to the teacher? (see him)
   ....

INFO
En français, on utilise le futur dans la subordonnée de temps et dans la principale.

SCORE .... /3

Corrigés p. 10

TOTAL .... / 26

LE GROUPE VERBAL

18 L'impératif

L'impératif à la 2e personne

- En anglais, comme en français, on emploie l'impératif pour donner des **ordres**, des **conseils** ou formuler des **interdictions**.
- L'impératif à la 2e personne se forme à l'aide de la **base verbale** dans des phrases sans sujet.

  ***Take off** your coat!* Enlève ton manteau !
  ***Listen** to me!* Écoutez-moi !

  Il n'y a pas de différence entre la 2e personne du singulier et la 2e personne du pluriel.
- À la **forme négative**, la base verbale est précédée de *don't*.

  ***Don't open** the door!* N'ouvrez pas la porte !
  ***Don't be** stupid!* Ne sois pas stupide !

★★ 1 À l'entrée du parc, la mère de Jennifer lui rappelle tout ce qu'elle n'a pas le droit d'y faire. Transforme ses recommandations en utilisant l'impératif.

> **COUP DE POUCE**
> Puisqu'il s'agit d'interdictions, tu devras employer la forme négative.

1. You mustn't skate.

   ....

2. You mustn't ride your bike.

   ....

3. You mustn't walk on the grass.

   ....

4. You mustn't play with your ball.

   ....

5. You mustn't feed the ducks.

   ....

6. You mustn't talk to anybody.

   ....

SCORE ..../6

★★ 2 Complète les phrases suivantes avec les mots nécessaires en employant l'impératif à la forme affirmative ou négative.

> **COUP DE POUCE**
> Tu peux utiliser les verbes *go*, *have*, *play*, *sleep*, *take*. Attention ! Tu dois ajouter d'autres mots que des verbes.

1. It's raining, ... umbrella.
2. You're not well, ... swimming pool.
3. You're late, ... computer games now.
4. You must be hungry, ... sandwich.
5. Go to bed, ... in the armchair.

SCORE ..../5

L'impératif aux autres personnes

- Aux autres personnes, l'impératif se construit ainsi :
  let + pronom complément + base verbale.
  On l'emploie surtout à la **1re personne du pluriel** pour exprimer une **proposition**.

  ***Let's have** a drink.* [let's = let us] Prenons un verre.

- À la 1re personne du singulier, cette construction impérative se traduit généralement par un pluriel.

  Let me see. Voyons.

3 Construis des phrases comme dans l'exemple.

Ex. : *I'd like to go to the restaurant.* → *That's a good idea, let's go to the restaurant!*

1. Shall we invite John? → ....

2. I want to go to the seaside. → ....

3. Why don't we hire a boat? → ....

4. I'd like to dance. → ....

5. Shall we buy an ice cream? → ....

SCORE .... /5

INFO
to hire a boat : louer un bateau

COUP DE POUCE
Construis toujours tes réponses sur le même modèle, même si les propositions prennent des formes très différentes.

4 Comment dirais-tu à un ami... ?

1. de ne le dire à personne parce que c'est un secret.

....

2. d'appeler son frère.

.... your ....

3. de venir jouer avec toi.

....

....

4. de ne pas aller à l'école s'il a mal à la tête.

....

....

SCORE .... /4

INFO
avoir mal à la tête : *to have a headache*

5 Comment proposerais-tu à un ami... ?

1. de jouer au tennis avec toi.

....

2. d'aller à la piscine avec toi.

....

SCORE .... /2

COUP DE POUCE
Emploie l'impératif avec *let's*.

Corrigés p. 11

TOTAL .... / 22

19 Les modaux (1)

Généralités

- Les auxiliaires modaux modifient le sens des verbes qu'ils accompagnent.
  Ils expriment des **nuances très variées** : capacité, obligation, interdiction, autorisation…
- Ils sont **suivis** d'un verbe à la **base verbale**. Ils ont la **même forme à toutes les personnes** (donc pas de *-s* à la 3e personne du singulier du présent).
  Ils se conjuguent sans ***do*** aux formes interrogative et négative.
  À la forme interrogative, on fait passer l'auxiliaire modal devant le sujet.
- Les auxiliaires modaux **ne se conjuguent pas à tous les temps**, mais ils ont des équivalents qui se conjuguent à tous les temps.

★ 1 Coche les bonnes réponses.

1. Les auxiliaires modaux peuvent se mettre au futur. ❑ vrai ❑ faux

2. Tu veux dire qu'il ne sait pas jouer aux échecs. Avec quelle forme du verbe *play* dois-tu compléter la phrase ?

He can't ❑ to play ❑ play ❑ playing chess.

SCORE ..../2

COUP DE POUCE
Un auxiliaire modal peut-il être suivi d'un verbe avec la terminaison *-ing* ?

Can, can't

- *Can*

Exemple	Signification
*I **can** play chess.* Je sais jouer aux échecs.	capacité physique ou intellectuelle [traduit parfois par « savoir »]
*What **can** you see?* Que vois-tu ?	perception [devant *see*, *hear*…]
***Can** I go to the disco?* Est-ce que je peux aller à la discothèque ?	permission
***Can** you lend me your keys?* Peux-tu me prêter tes clés ?	demande polie

- *Can't*

Exemple	Signification
*I **can't** repair my bike.* Je ne peux pas réparer mon vélo.	incapacité, impossibilité
*You **can't** take the tube alone.* Tu ne peux pas prendre le métro tout seul.	interdiction

- ***Be able to*** est un équivalent de *can* qui permet d'exprimer la capacité (ou l'incapacité, à la forme négative), en particulier dans le futur.

  She will be able to drive next year. Elle pourra conduire l'année prochaine.
  They won't be able to find the answer. Ils ne pourront pas trouver la réponse.

2 Sam avait un tas de projets pour les vacances mais il vient de se casser une jambe ! Regarde le tableau et complète les instructions que lui donne le médecin.

	Today	Tomorrow	Next month
listen to music	YES		
dance rock'n'roll	NO		
play video games	YES		
play football		NO	YES
go to the disco	NO		NO

You .... to music today but you .... rock'n'roll. You .... video games. You .... football tomorrow but you .... football next month. You .... to the disco today and you .... to the disco next month either. I know your parents!

SCORE ..../7

COUP DE POUCE

• Tu dois compléter chaque espace de réponse avec plusieurs mots : un modal ou son équivalent (quand la phrase fait référence à l'avenir) et la base verbale.

• *not... either* : non plus

Could, couldn't

Exemple	Signification
*I **could** play tennis when I was young.* Je pouvais jouer au tennis quand j'étais jeune.	prétérit de ***can*** : capacité dans le passé
***Could** you open the door, please?* Pourrais-tu ouvrir la porte, s'il te plaît ?	demande polie
*They **couldn't** buy a new car.* Ils ne pouvaient pas acheter de nouvelle voiture.	incapacité, impossibilité dans le passé

3 **Complète les phrases en utilisant *can* ou *could* à la forme affirmative ou négative.**

1. Gladys was very sporty when she was young; she .... skate very well. • **2.** She's sorry but she .... come to your birthday party. • **3.** She .... wear those jeans three months ago but she .... wear them today; they're too tight.

SCORE ..../4

ATTENTION

Pour choisir entre *can* et *could*, pense à respecter la concordance des temps.

Shall

Exemple	Signification
***Shall** we go to restaurant?* Si on allait au restaurant ?	suggestion à la forme interrogative [à la 1re personne du singulier et du pluriel]

4 **Comment proposerais-tu à des amis... ?**

1. d'aller au cinéma → ....

2. d'écouter de la musique → ....

SCORE ..../2

COUP DE POUCE

Shall traduit aussi la proposition.

Corrigés p. 11

TOTAL ..../ 15

20 Les modaux (2)

Must, mustn't

- ***Must*** est un auxiliaire modal qui a deux significations principales (reporte-toi à l'unité 19 p. 42 pour revoir les règles générales qui s'appliquent aux auxiliaires modaux).

Exemple	Signification
*You **must** go to bed.* Tu dois aller au lit. *You **mustn't** smoke.* Vous ne devez pas fumer.	obligation ou interdiction [à la forme négative]
*She **must** be furious.* Elle doit être furieuse.	forte probabilité, déduction [c'est presque sûr]

- ***Have to*** permet également d'exprimer l'obligation, et ce à tous les temps.

  *He **has to** wear a tie.* Il doit porter une cravate.

  *They **had to** buy a new washing machine.*
  Ils ont dû acheter une nouvelle machine à laver.

  ***I'll have to** walk to work.* Il faudra que j'aille au travail à pied.

★★ 1 Suis les indications données pour te déplacer sur le plan. Où arrives-tu ?

You must take Memorial Street, then you must turn right into Baker Street, you can't visit the zoo because it's closed, you must take the first street on your right. Then turn left into Hampstead Street. You must go past a bank, you must take Market Street, go past the library, then turn left. You must take Victoria Avenue. Don't go to the cinema because you're not allowed to go there alone, you must go straight on, and turn right to arrive at Crescent Road and reach the secret place, where are you?

....

SCORE ..../14

COUP DE POUCE
Le locuteur emploie alternativement l'auxiliaire *must* et l'impératif pour décrire ce que tu dois faire ou pas.

Needn't, don't have to

- ***Needn't*** et ***don't have to*** expriment tous les deux une absence d'obligation.

  *You **needn't** take the bus. = You **don't have to** take the bus.*
  Tu n'as pas besoin de prendre le bus.

- **Attention :** ne confonds pas l'absence d'obligation et l'interdiction.

Absence d'obligation : *needn't/don't have to*	Interdiction : *mustn't*
*You **don't have to** drive quickly, we have plenty of time.* Tu n'as pas besoin de conduire vite, nous avons tout notre temps.	*You **mustn't** drive quickly, it's forbidden.* Tu ne dois pas conduire vite, c'est interdit.

2 Complète les phrases suivantes en employant *mustn't* ou *don't have to*.

1. You .... drink alcohol. You are too young.
2. He .... walk. He can take the bus.
3. You .... park here. It's forbidden.
4. We .... get up early on Sundays; there's no school.
5. They've got a dishwasher. They .... do the washing-up.

SCORE .... /5

COUP DE POUCE
Demande-toi pour chaque phrase s'il s'agit d'une interdiction ou de quelque chose que l'on n'est pas obligé de faire.

May

Exemple	Signification
***May** I use your car, please?* Puis-je utiliser ta voiture, s'il te plaît ?	permission [plus formel que *can*]
*It **may** snow tomorrow.* Il se peut qu'il neige demain.	probabilité

3 Comment dirais-tu que... ?

1. elle ne doit pas rester au lit ; c'est l'heure d'aller à l'école.

   ....

2. il se peut qu'il pleuve.

   ....

3. elle court : elle doit être en retard.

   ....

4. il faudra qu'il envoie des e-mails.

   ....

SCORE .... /4

COUP DE POUCE
Demande-toi quelle notion est exprimée dans chaque phrase. Utilise également ce que tu as appris dans l'unité 19.

Corrigés p. 11-12

TOTAL .... / 23

21 Le passif

Formation

- Le passif se forme ainsi : auxiliaire ***be* + participe passé** du verbe.
  *My computer **is repaired** now.* Mon ordinateur est réparé maintenant.
- Il peut s'employer à tous les temps. L'auxiliaire ***be* indique le temps** de la phrase.
  - Présent simple :
    *A lot of letters **are** posted every day.* Beaucoup de lettres sont postées chaque jour.
  - Prétérit :
    *My dog **was** taken to hospital.* Mon chien a été emmené à l'hôpital.
  - *Present perfect* :
    *The classroom **hasn't been** cleaned.* La classe n'a pas été nettoyée.
  - Futur :
    *My bedroom **will be** painted next month.* Ma chambre sera peinte le mois prochain.

★★ 1 Mets la phrase suivante aux temps demandés.

The actor is interviewed.

1. Prétérit : ....

2. *Present perfect* : ....

3. Futur : ....

SCORE ..../3

ATTENTION
C'est *be* qui doit être mis au temps demandé, toujours suivi du participe passé.

Le complément d'agent

- Quand il y a un complément d'agent, celui-ci est introduit par ***by***.
  *The TV set was repaired **by my uncle** yesterday.*
  La télévision a été réparée par mon oncle hier.
- Mais beaucoup de phrases se construisent sans complément d'agent.
  C'est le cas lorsque l'agent importe peu ou qu'il n'est pas connu.
  *English **is spoken** in a lot of countries.*
  On parle anglais dans beaucoup de pays.
  *This toy **was made** in Taiwan.*
  Ce jouet a été fabriqué à Taiwan.

★★ 2 Réponds aux questions suivantes comme dans l'exemple.

Ex. : *Did you send the letters yesterday?* → *No, they will be sent tomorrow.*

1. Did you paint your room yesterday? → ....

2. Did you repair your glasses yesterday? → ....

3. Did you do the housework yesterday? → ....

4. Did he examine your sister yesterday? → ....

SCORE ..../4

COUP DE POUCE
Il n'y a pas de complément d'agent car il n'est pas important dans ces phrases.

3 Construis des phrases au passif comme dans l'exemple. Mets le verbe au temps qui convient. Il n'y a pas nécessairement un complément d'agent.

Ex. : *This house / buy / a family / ten years ago*

→ *This house was bought by a family ten years ago.*

1. His computer / not repair / yet

....

2. A policeman / attack / a dog / yesterday

....

3. The diamonds / steal / a thief / last week

....

4. A lot of newspapers / sell / every day

....

SCORE ..../4

COUP DE POUCE

Pour choisir le temps de l'auxiliaire *be*, utilise les indications de temps : *yesterday*, *tomorrow*, etc.
Retiens le sens de *not yet* (pas encore).

L'emploi du passif

- La forme passive est beaucoup **plus utilisée en anglais qu'en français**.
Il est courant de traduire un passif anglais par un actif français.
*English **is spoken** by millions of people.* Des millions de gens parlent anglais.
*I'**m interested** in modern painting.* Je m'intéresse à la peinture moderne.
- Quand le français utilise le sujet « on », l'anglais utilise souvent une forme passive.
*The windows **are cleaned** every day.* On nettoie les fenêtres tous les jours.

4 Le journaliste a mélangé les mots de ses titres. Reconstitue-ces derniers.

VICTORY — WERE BEATEN — The French — WERE HURT — from a museum — Famous paintings — IN A PLANE CRASH — 25 PEOPLE — WERE STOLEN — IN YESTERDAY'S MATCH — WAS CELEBRATED — BY CONTESTANTS

1. ....

2. ....

3. ....

4. ....

SCORE ..../4

INFO

- Note l'emploi du cas possessif avec *yesterday*.
- *yesterday's match* : le match d'hier

Corrigés p. 12

TOTAL ..../ 15

22 L'infinitif

L'infinitif complément d'objet

- Des verbes – tels que *want*, *prefer*, *wish* (souhaiter), *ask* (demander), *wait* (attendre), *expect* (s'attendre à) – peuvent être suivis d'un **verbe à l'infinitif complet** (*to* + base verbale). Le second verbe est complément d'objet du premier.

  *She wants **to read**.* Elle veut lire.

- Le verbe à l'infinitif peut avoir un sujet. On parle alors de **proposition infinitive**.

  *She wants **John to read**.* Elle veut que John lise.

  Si le sujet de la proposition infinitive est un **pronom personnel**, il est obligatoirement à la forme complément.

  *She wants **him** to read.* Elle veut qu'il lise.

- On ajoute ***not* devant l'infinitif** pour former une proposition infinitive négative.

  *She prefers him **not** to smoke.* Elle préfère qu'il ne fume pas.

ATTENTION
N'oublie pas de transformer le pronom personnel sujet en bleu en pronom personnel complément.

★★ 1 Construis des phrases avec le verbe *want* comme dans l'exemple.

Ex. : *My mother / he / make his bed.* → *My mother wants him to make his bed.*

1. They / we / come early

....

2. He / they / repair the car

....

3. Jane / I / buy some tickets for the concert

....

4. His father / he / take the dog out

....

SCORE ..../4

★★ 2 Compose cinq phrases en associant les éléments des trois colonnes.

1. The doctor told	these actors	to keep quiet.
2. The teacher asked	his assistant	to play in his film.
3. The film director wanted	Jane	to stop smoking.
4. I would like	his students	to lend me her camera.
5. The manager expects	his patient	to type the letters.

INFO
- *film director* : metteur en scène
- *lend* : prêter

1. ....
2. ....
3. ....
4. ....
5. ....

SCORE ..../5

L'infinitif de but

- On peut exprimer le but à l'aide d'un infinitif complet (*to* + base verbale). La question correspondante comprend la structure *What... for?*

  ***What** are you going to the baker's **for**? – **To buy** some bread.*
  Pourquoi vas-tu à la boulangerie ? – Pour acheter du pain.

3 **Construis des questions et des réponses comme dans l'exemple.**

Ex. : *flower shop / tulips* → *What are you going to the flower shop for?*
– I'm going there to buy some tulips.

1. post office / stamps → ....
– ....

2. store / dress → ....
– ....

3. butcher's / meat → ....
– ....

4. Susan's / work → ....
– ....

5. London / National Gallery → ....
– ....

SCORE .... /10

INFO
Note l'emploi particulier des génitifs *the butcher's* (chez le boucher) et *Susan's* (chez Susan).

4 **Relie chaque objet à sa définition, puis construis les questions et les réponses comme dans l'exemple donné.**

- to call friends.
- to lock and unlock doors.
- to protect from the sun.
- to carry clothes in.
- to keep food fresh.
- to do one's hair.

Ex. : *What is a telephone for? It's to call friends.*

1. ....
2. ....
3. ....
4. ....
5. ....

SCORE .... /10

COUP DE POUCE
Quand le sujet de la question est au pluriel, utilise *they're* dans la réponse.

Corrigés p. 12-13

TOTAL .... / 29

23 Le gérondif

Verbe + gérondif

- Le gérondif se forme en ajoutant *-ing* à la base verbale.
  Attention aux modifications orthographiques !

  make → making *swim → swimming* *run → running*

- Lorsque deux verbes se suivent, le second se présente sous la forme d'un infinitif complet (voir unité 22) ou d'un gérondif. Beaucoup de verbes suivis du gérondif permettent de dire **ce que l'on aime** ou **pas** (*enjoy*, *love*, *like*, *hate*, etc.).

  *I **enjoy meeting** friends in the evening.* J'aime rencontrer des amis le soir.
  *I **hate peeling** onions.* Je déteste éplucher les oignons.

- On emploie également le gérondif après les verbes exprimant le **début** (*start*, *begin*), la **fin** (*stop*) ou la **poursuite d'une action** (*go on*).

  *It **started raining**.* Il se mit à pleuvoir.
  *He **went on working**.* Il continua à travailler.

★ 1 Construis des phrases en utilisant le gérondif.

Ex. : *Bill speaks German. (prefer) → He prefers speaking German.*

1. My brother travels alone. (like) → ....
2. His cousin makes cakes. (dislike) → ....
3. Fred never drinks milk. (hate) → ....

SCORE ..../3

ATTENTION
Prends garde aux modifications orthographiques de *travel* et *make*.

Préposition + gérondif

- On emploie le gérondif **après une préposition**.

  *Look **before crossing**.* Regarde avant de traverser.
  *She is fond **of cooking**.* Elle aime cuisiner.

★★ 2 Relie les deux phrases à l'aide de la préposition donnée, suivie du gérondif.

Ex. : *He went to the concert. He didn't buy a ticket. (without)*
→ He went to the concert without buying a ticket.

1. She turned the light off. She read a magazine. (after)
   → ....
2. John called me. He came home. (before)
   → ....
3. My friends left. They had a drink. (after)
   → ....
4. Brian crossed the street. He didn't look right. (without)
   → ....

SCORE ..../4

COUP DE POUCE
Pour former le gérondif, repars de la base verbale.

Expression + gérondif

▸ On emploie le gérondif après certaines expressions telles que :

- ***what about*** et ***how about*** (pour proposer quelque chose) ;

  What about/How about *going to the restaurant?* Et si on allait au restaurant ?

- ***to be good at, to be fond of, to be fed up with*** ;

  My brother ***is good at*** *playing golf.* Mon frère est bon au golf.
  *I'****m fond of*** *travelling.* J'aime voyager.
  *I'****m fed up with*** *taking my dog out.* J'en ai assez de sortir mon chien.

- ***I don't mind, I can't bear, I can't help...***

  I ***don't mind*** *working late.* Cela ne me dérange pas de travailler tard.
  I ***can't bear*** *driving in the traffic.* Je ne supporte pas de conduire dans la circulation.
  Mary ***can't help*** *lying.* Mary ne peut pas s'empêcher de mentir.

3 Comment dirais-tu que... ?

1. tu en as assez de m'attendre → I ....

2. tu ne supportes pas d'aller au supermarché le samedi

→ ....

3. cela ne te dérange pas de répéter → ....

Comment proposerais-tu à des amis... ?

4. d'aller boire un verre → ....

SCORE .... **/4**

INFO

- *what about* : *how about*
- *can't bear* : *can't stand*

4 Présente-toi à ton correspondant. Parle-lui de tes goûts, de ce que tu aimes ou n'aimes pas faire.

Hello Jerry,

My name is .... I live in .... I go to school in .... I am happy to be able to write to you and get to know each other better. I practise some sports; I like .... but I prefer .... I'm quite good at .... I go out with my friends at weekends when I don't have too much homework! I enjoy .... but I don't like .... What do you do in the evenings? I don't mind .... but I can't bear .... What are your favourite school subjects? I'm bad at ...., I'm interested in .... What about .... to each other sometimes?
I am looking forward to .... you. Write soon!

Goodbye for now,

....

SCORE .... **/15**

COUP DE POUCE

- C'est un exercice libre. Parle vraiment de tes goûts mais utilise des verbes au gérondif.
- *I am looking forward to* (+ gérondif) : je suis impatient de, j'ai hâte de.

Corrigés p. 13

TOTAL .... **/ 26**

LA PHRASE

24 Les questions

Généralités

- Il existe **deux types de questions** :
  – les *yes-no questions* auxquelles on répond par « oui » ou « non » [questions fermées] ;
  – les *wh- questions* qui sont introduites par des mots interrogatifs [questions ouvertes].
- Dans une phrase interrogative, on fait passer l'**auxiliaire avant le sujet**.
  Quand la phrase affirmative ne contient pas d'auxiliaire,
  on fait appel à *do*/*does* [présent] ou *did* [prétérit] pour construire la forme interrogative.
  Les *yes-no questions* commencent donc toujours par un auxiliaire.

Forme affirmative	Forme interrogative
It's going to rain.	*Is it going to rain?*
She plays golf.	*Does she play golf?*
They went to the theatre.	*Did they go to the theatre?*

COUP DE POUCE
Chaque question doit commencer par un auxiliaire.

★★ 1 Transforme les phrases de ce texte en *yes-no questions*.

1. Ashley lives in the suburbs of London. → Does she lives in London?
2. She works in London. → Does she work in London?
3. She took the 8 o'clock train to Waterloo station.
→ Did she take the 8 o'clock train to Waterloo station.
4. There were a lot of people on the train. Where there a lot of people on the train.
→ ~~Do there a lot of people on the train?~~
5. She'll be in London at 8.45. → ~~Does She'll be in London at 8.45?~~ Will she be in London at 8.45.
6. She will take the tube as soon as she arrives in London.
→ ~~Does she will take the tube as soon as she arrives in London?~~ Will she take

SCORE .... /6

Wh- questions et questions avec *how*

On utilise	pour interroger sur	Exemples
what	la chose, l'action	***What** are they watching?* Que regardent-ils ?
who	l'identité	***Who** is he calling?* Qui appelle-t-il ?
whose	l'appartenance	***Whose** ball is it?* À qui est ce ballon ?
when	le temps	***When** did they come?* Quand sont-ils venus ?
where	le lieu	***Where** does she live?* Où habite-t-elle ?
why	la cause	***Why** are you laughing?* Pourquoi riez-vous ?
which	le choix	***Which** tie do you prefer?* Quelle cravate préfères-tu ?
what... like	l'aspect	***What** is it **like**?* À quoi cela ressemble-t-il ?

On utilise	pour interroger sur	Exemples
how	la manière	***How** did you repair it?* Comment l'as-tu réparé ?
how old	l'âge	***How old** is your uncle?* Quel âge a ton oncle ?
how many (+ dénombrable au pluriel)	le nombre	***How many** books did you buy?* Combien de livres as-tu achetés ?
how much (+ indénombrable)	la quantité	***How much** bread do you want?* Combien de pain veux-tu ?
	le prix	***How much** is it?* Combien cela coûte-t-il ?
how often	la fréquence	***How often** do you play football?* Tu joues souvent au football ?
how long	la durée	***How long** will it take?* Combien de temps cela prendra-t-il ?

2 Observe les réponses et complète les questions.

1. .... will travel with you? – Jane will.
2. .... were they doing? – They were sleeping.
3. .... toothbrush is it? – It's Jenny's.
4. .... is their house .... ? – It's big and modern.
5. .... were your keys? – They were on the kitchen table.
6. .... do you go to the cinema? – We go to the cinema once a week.
7. .... will it take? – It will take two hours.

SCORE ..../7

COUP DE POUCE
Utilise *what... like* dans une des phrases.

Place de la préposition

- Si le verbe utilisé dans la **phrase interrogative** se construit avec une préposition, celle-ci doit rester après le verbe dans la question.
  ***Who** are you waiting **for**?* Qui attendez-vous ?

3 Pose les questions qui correspondent aux réponses suivantes, en utilisant la préposition contenue dans la réponse.

Ex. : *What are you listening to? – I'm listening to classical music.*

1. .... ? – He was waiting for the train.
2. .... ? – They are looking at some paintings.
3. .... ? – They came from England.

SCORE ..../3

ATTENTION
N'oublie pas que la préposition doit rester après le verbe dans la question.

Corrigés p. 13-14

TOTAL ..../ 16

LA PHRASE

25 Les phrases réduites

Les *question tags*

- Les *question tags* sont de petites questions qui viennent en fin de phrase et qui servent généralement à demander confirmation ; ils peuvent aussi exprimer la surprise. Ils sont l'équivalent du français « **n'est-ce pas ?** », mais sont employés beaucoup plus systématiquement en anglais qu'en français.
- Construction des *tags*
  - **Énoncé affirmatif** → *tag* avec une négation : auxiliaire + ***not*** + pronom personnel.

    *This story is very funny, **isn't it?*** Cette histoire est très drôle, n'est-ce pas ?
  - **Énoncé négatif** → *tag* sans négation : auxiliaire + pronom personnel.

    *He doesn't like cheese, **does he?*** Il n'aime pas le fromage, n'est-ce pas ?
- Note que le *question tag* est toujours précédé d'une virgule et suivi d'un point d'interrogation. Pourtant ce n'est généralement **pas une vraie question**.

1 **Complète les phrases suivantes à l'aide du *question tag* qui convient.**

1. You don't believe me, ... ?
2. They didn't call the doctor, ... ?
3. Karen will be fifteen next week, ... ?
4. You haven't seen that film, ... ?
5. Oliver likes playing squash, ... ?
6. Louis can't swim, ... ?
7. Jane has lost her pen, ... ?
8. They brought some flowers, ... ?
9. Melissa was sleeping, ... ?
10. You've never been to China, ... ?

SCORE ..../10

COUP DE POUCE
Si la phrase ne contient pas d'auxiliaire, utilise celui qui correspond au temps de la phrase.

Les *tags* de conformité

- Pour exprimer la ressemblance, la similarité, on emploie des *tags* de conformité. Ils correspondent au français « **moi aussi…** », « **moi non plus…** ».
- À la **forme affirmative**, le *tag* est composé de ***so*** + auxiliaire + sujet.

  *Whitney likes horror films. **So do I**.* Whitney aime les films d'horreur. Moi aussi.
- À la **forme négative**, le *tag* est composé de ***neither*** + auxiliaire + sujet.

  *I didn't manage to find a hotel. **Neither did Kim**.*
  Je n'ai pas réussi à trouver un hôtel. Kim non plus.

2 **Peter et Kevin ont vraiment les mêmes goûts et les mêmes projets. Utilise un *tag* de conformité pour le montrer.**

1. Peter enjoys going jogging. .... Kevin.
2. Kevin is crazy about jazz. .... Peter.
3. Kevin doesn't like tidying his room. .... Peter.

COUP DE POUCE
Chaque fois que l'on fait une affirmation concernant Peter, on dit qu'il en est de même pour Kevin et réciproquement.

4. Peter isn't interested in history. .... Kevin.

5. Kevin enjoyed playing with his teddy bear. .... Peter.

6. Peter will be a detective. .... Kevin.

SCORE ..../6

Les *tags* de contraste

- On emploie les *tags* de contraste pour **exprimer une différence**.
  Si la première partie de la phrase est affirmative, le *tag* de contraste est négatif et inversement.

  George ***was*** *late (but) Linda* ***wasn't***. George était en retard, (mais) pas Linda.
  Beth ***didn't*** *take her car (but) I* ***did***. Beth n'a pas pris sa voiture, (mais) moi oui.

3 John ne fait rien comme ses amis. Utilise un *tag* de contraste pour le montrer.

Ex. : *Angela's going to town, but John isn't.*

1. Bob doesn't play cricket, ...
2. Kate can swim, ...
3. Jane has been to America, ...
4. Alan didn't want to live in London, ...
5. Shirley bought a new racket last week, ...

SCORE ..../5

INFO
Utilise le sujet John dans chacun de tes tags de contraste.

4 Regroupe les dessins par paires.
Trouve les légendes manquantes en employant des tags de contraste.

a.

b.

c.

d.

e.

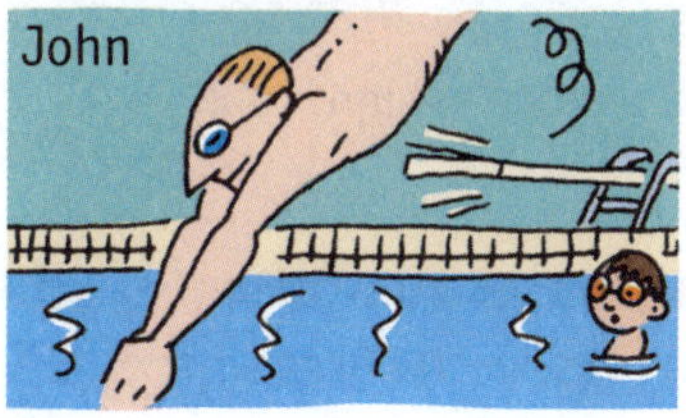

f.

1. Mr Bird can play the violin, but ....
2. John is a good swimmer, but ....
3. Christopher likes cats, but ....

SCORE ..../3

COUP DE POUCE
Les phrases de départ sont affirmatives. Que doit contenir chaque *tag* de contraste ?

Corrigés p. 14

TOTAL ..../ 24

LA PHRASE

26 Les phrases exclamatives

How + adjectif ou adverbe

- L'exclamation peut s'exprimer de différentes manières.
  Elle peut porter sur un adjectif, un adverbe ou un groupe nominal.
- L'exclamation introduite par *how* porte **soit sur un adjectif, soit sur un adverbe.**

  How *heavy it is!* Comme c'est lourd !
  How *quickly he runs!* Comme il court vite !
- **Attention** à l'ordre des mots ! Il n'y a **pas d'inversion** car il ne s'agit pas d'une phrase interrogative. Compare.

  How old ***he is****!* Comme il est vieux ! [phrase exclamative]
  How old ***is he****?* Quel âge a-t-il ? [phrase interrogative]
- Il peut arriver que le verbe *be* et le sujet soient sous-entendus.

  How funny! How funny ***it is****!* Comme c'est drôle !

★ 1 Transforme ces phrases en phrases exclamatives, comme dans l'exemple.

Ex. : *This exercise is too difficult.* → *How difficult it is!*

1. This classroom is too noisy. → How noisy it is!
2. These students are too lazy. → How lazy are they!
3. This house is too small. → How small this house is it!
4. These rooms are too dark. → ....
5. This sofa is too heavy. → How heavy it is!

SCORE ..../5

ATTENTION
Ne fais pas d'inversion : tu obtiendrais des phrases interrogatives.

So + adjectif ou adverbe

- L'exclamation introduite par *so* porte également sur un adjectif ou un adverbe.

  My neighbour is ***so nice****!*
  Mon voisin est si gentil !
  Martha cooks ***so well****!*
  Martha cuisine si bien !

★ 2 Transforme ces phrases en utilisant l'exclamatif *so*.

Ex. : *How far he lives!* → *He lives so far!*

1. How dangerously he drives! → He drives so dangerously
2. How tired she feels! → She feels so tired.
3. How well your mother cooks! → Your mother cooks so well
4. How boring the film was! → The film was so boring
5. How happy she will be! → She will be so happy.

SCORE ..../5

COUP DE POUCE
La construction est la même lorsque l'exclamation porte sur un adjectif ou sur un adverbe.

What + groupe nominal

L'exclamation introduite par *what* porte sur un groupe nominal.

- On emploie **l'article indéfini** *a/an* lorsque *what* est suivi d'un dénombrable singulier.
  ***What** a garden!* Quel jardin ! ***What an** advertisement!* Quelle publicité !
- On n'emploie **pas d'article indéfini** si *what* est suivi d'un indénombrable ou d'un dénombrable au pluriel.
  ***What** music!* Quelle musique ! ***What** beautiful presents!* Quels beaux cadeaux !
  Exceptions : *What **a** pity! What **a** shame!* Quel dommage !
- Le groupe nominal peut comporter un **adjectif**.
  ***What** a strange idea!* Quelle étrange idée !
  ***What** lovely cats!* Quels charmants chats !

3 **Forme deux phrases exclamatives avec les mots donnés.**

Ex. : *film / violent* → *This film is so violent! What a violent film!*

1. tart / good → The tart is so good !
2. actress / beautiful → The actress is so beautiful
3. customer / impatient → The costomer is so impatient
4. game / dangerous → The game is so dangerous

SCORE ..../8

COUP DE POUCE
Lorsque l'exclamative porte sur le GN, elle commence par *what* suivi de l'article indéfini.

4 **En visitant la National Gallery à Londres, Britney n'entend que des phrases admiratives. Aide-la à les reconstituer en ajoutant les mots manquants.**

1. What a good painter!
2. What a talented he is!
3. He paints is so well!
4. His paintings are so terrific!
5. What a beautiful colours!
6. I'm not surprised that he is so famous!

SCORE ..../6

COUP DE POUCE
Tu devras compléter chaque phrase en ajoutant un ou deux mots.

5 **Que dit cette dame en voyant cet homme au travail ? Remets ses mots dans l'ordre.**

1. amusing / is / how / it / ! → How is it amusing !
2. have / funny / what / you / a / mask / ! → What have you a funny mask !
3. idea / strange / what / a / ! → What a strange idea !

COUP DE POUCE
Chacune des phrases commence par *how* ou par *what*.

SCORE ..../3

Corrigés p. 14-15

TOTAL ..../ 27

27 Les subordonnées complétives

Verbe + *that*

- En anglais, comme en français, les verbes de **déclaration** (*say*, *tell*...) et d'**opinion** (*think*, *know*, *understand*...) sont souvent complétés par une proposition subordonnée, dite complétive. La conjonction de subordination ***that*** qui les introduit correspond au « que » français.

  *The children say **that** they will play in the garden.*
  Les enfants disent qu'ils joueront dans le jardin.

  *Her father thinks **that** she must go to university.*
  Son père pense qu'elle doit aller à l'université.

- **Attention :** ne confonds pas ces subordonnées avec des propositions relatives introduites par *that* (à la place de *who* ou *which*). Les relatives dépendent d'un nom (leur antécédent), les complétives dépendent d'un verbe.

  *I know the man **that** is sitting over there.*
  Je connais l'homme qui est assis là-bas. [relative]

  *I say **that** I know this man.*
  Je dis que je connais cet homme. [complétive]

★★ 1 Aide le journaliste à rapporter ce qu'a dit le maire de sa ville.

Our town is not polluted.
The streets are clean.
The hospital is new.
The children need a modern school.
The senior citizens are well looked after.
The future will be bright for everybody.
The citizens will live happily ever after.
I want to be your mayor again next year.

INFO
- *citizen* : citoyen
- *will live happily ever after* : vivront heureux (comme dans les contes de fées).
- *look after* : s'occuper de
- *mayor* : maire

The mayor says that ....

He thinks that .... and ....

He announces that ....

The mayor feels that ....

He knows that ....

He understands that ....

He says that ....

SCORE ..../8

Omission de *that*

- La conjonction ***that*** est très souvent **sous-entendue**.

Her father thinks she must go to university.
Son père pense qu'elle doit aller à l'université.

I know he is angry. Je sais qu'il est en colère.
He says he'll visit the United States. Il dit qu'il visitera les États-Unis.
Martha thinks it's too late to leave. Martha pense qu'il est trop tard pour partir.

- **Attention :** même en cas d'omission, la proposition principale et la proposition subordonnée ne sont jamais séparées par une virgule.

2 **Un reporter a fait l'interview d'un cascadeur. Traduis son article.**

UN CASCADEUR

L'acteur a dit que les cascades étaient dangereuses. Il pense que c'est un beau métier pour les jeunes aujourd'hui. Il sait que les producteurs sont de plus en plus exigeants. Il comprend que les exigences sont plus grandes, mais il annonce qu'il n'arrêtera jamais d'être cascadeur.

INFO
- cascades : *stunts*
- producteurs : *producers*
- exigeants : *demanding*
- exigences : *demands*

A STUNTMAN

....

....

....

....

....

....

....

....

....

....

....

SCORE ..../5

Corrigés p. 15

TOTAL ..../ 13

Lexique des exercices

A

abroad: à l'étranger
actually: en fait
allowed *(to be)***:** autorisé (être)
alone: seul
always: toujours
answer: réponse
apple tree: pommier
archaeologist: archéologue
armchair: fauteuil
arrest *(to)***:** arrêter
asleep: endormi
attractive: attirant
awake: réveillé

B

bag: sac
bargain: (bonne) affaire
bath: bain
beautiful: beau
bedroom: chambre
beginning: début
behind: derrière
believe *(to)***:** croire
best: meilleur
bike: vélo
bird: oiseau
black: noir
blue: bleu
boat: bateau
bookshop: librairie
bored: ennuyé
boring: ennuyeux
borrow *(to)***:** emprunter
boss: patron
box: boîte
boyfriend: petit ami
bread: pain
break *(to)***:** casser
bring *(to)***:** apporter
bring back *(to)***:** rapporter
brush: brosse
bus stop: arrêt de bus
busy: occupé
butcher: boucher
buy *(to)***:** acheter

C

cake: gâteau
call *(to)***:** appeler
camera: appareil photo
can *(modal)***:** pouvoir/savoir
car: voiture
careful: prudent
carry *(to)***:** porter
castle: château
cat: chat
ceiling: plafond
century: siècle
chicken: poulet
child *(pl. children)***:** enfant
choice: choix
church: église
clean: propre
clean *(to)***:** nettoyer
closed: fermé
cloud: nuage
collect *(to)***:** collectionner
come *(to)***:** venir
computer: ordinateur
contestant: candidat
cook *(to)***:** cuisiner
cooking *(do the)***:** cuisine (faire la)
copybook: cahier
country: campagne/pays
courageous: courageux
crazy: fou
cry *(to)***:** pleurer
customer: client

D

dance *(to)***:** danser
dangerous: dangereux
dark: sombre
day: jour
desk: bureau (meuble)
detective film: film policier
difficult: difficile
dirty: sale
disco: discothèque
dishwasher: lave-vaisselle
dive *(to)***:** plonger
do *(to)***:** faire
do one's hair *(to)***:** se coiffer
dog: chien
door: porte
drink: boisson
drink *(to)***:** boire
drive *(to)***:** conduire
driving test: permis de conduire (examen)
duck: canard

E

early: tôt
eat *(to)***:** manger
empty *(to)***:** vider
enjoy *(to)***:** apprécier/s'amuser
enough: assez/suffisamment
evening: soir
every: chaque/tout
everything: tout
everywhere: partout
expect *(to)***:** s'attendre à
expensive: cher

F

fall off *(to)***:** tomber de
famous: célèbre
far: loin
fat: gros
father: père
feed *(to)***:** nourrir
feel *(to)***:** (se) sentir
file: dossier
film director: metteur en scène
finish *(to)***:** finir
first: premier
flat: appartement
floor: sol
flower: fleur
fly *(to)***:** voler (dans les airs)
follow *(to)***:** suivre
food: nourriture
foot *(pl. feet)***:** pied
forbidden: interdit
forget *(to)***:** oublier
French: français
fresh: frais

Friday: vendredi
frightened: effrayé
frightening: effrayant
funny: drôle
furniture: meubles

G,H

game: jeu
German: allemand
get up *(to)*: se lever
give *(to)*: donner
glass: verre
glasses: lunettes
grass: herbe
grey: gris
grocer: épicier
hair: cheveux
hairbrush: brosse à cheveux
half: demi
hand: main
happy: heureux
hat: chapeau
have a drink *(to)*: prendre un verre
headmaster: directeur d'école
heavy: lourd
high: haut
hill: colline
hire *(to)*: louer
history: histoire
hitch-hiking: auto-stop
hole: trou
holiday: vacances
home: maison/foyer
home-made: fait maison
hour: heure
house: maison
hungry *(to be)*: avoir faim
hurt *(to)*: blesser
husband: mari

I, J, K

ice: glace
ice cream: glace (aliment)
ice rink: patinoire
idea: idée
in: dans
in front of: devant
interested: intéressé
interesting: intéressant
jog *(to)*: courir
jump *(to* : sauter
keep *(to)*: garder/conserver
key: clé
kill *(to)*: tuer
kitchen: cuisine (pièce)
kite: cerf-volant
knock *(to)*: frapper (à la porte)
know *(to)*: savoir/connaître

L

last: dernier
late: en retard/tard
laugh at *(to)*: se moquer de
lazy: paresseux
leave *(to)*: partir/quitter
left: gauche
leg: jambe
lend *(to)*: prêter
less: moins
lesson: leçon/cours
librarian: bibliothécaire
library: bibliothèque
lift *(to)*: soulever
like *(to)*: aimer (bien)
listen *(to)*: écouter
live *(to)*: vivre
living room: salon
lock *(to)*: fermer à clé
look at *(to)*: regarder
look like *(to)*: ressembler
lose *(to)*: perdre
low: bas
lucky: chanceux
luggage: bagages

M

make *(to)*: faire/fabriquer
manager: directeur
married: marié
meat: viande
meet *(to)*: rencontrer
milk: lait
mirror: miroir
modern: moderne
money: argent
month: mois
moped: mobylette
morning: matin
mother: mère
museum: musée
must *(modal)*: devoir
mysterious: mystérieux

N, O

neighbour: voisin
nephew: neveu
never: jamais
news: nouvelles/informations
newspaper: journal
next: suivant/prochain
nobody: personne
noisy: bruyant
not yet: pas encore
nowadays: de nos jours
nowhere: nulle part
office: bureau (pièce)
often: souvent
on: sur
once (a month): une fois (par mois)
over: au-dessus de

P

paint *(to)*: peindre
painter: peintre
painting: tableau
park *(to)*: se garer
party: fête/soirée
pay *(to)*: payer
pen: stylo
people: gens
photographer: photographe
place: endroit
plane: avion
plane crash: accident d'avion
plate: assiette
play *(to)*: jouer
pleasant: agréable
pocket: poche
Portuguese: portugais
postman *(pl. postmen)*: facteur
powerful: puissant
present: cadeau

pretty: joli
protect *(to)***:** protéger
proud: fier
puppy: chiot
put *(to)***:** mettre/poser/placer

Q, R

queen: reine
quiet: tranquille
rabbit: lapin
rain *(to)***:** pleuvoir
raincoat: imperméable
reach *(to)***:** atteindre
recommend *(to)***:** recommander
record: disque
remember *(to)***:** se rappeler
repair *(to)***:** réparer
rice: riz
ride *(to)***:** faire du cheval / du vélo
right: droit
right (*to be*)**:** avoir raison
ring: bague
room: chambre

S

Saturday: samedi
sausage: saucisse
seaside: bord de mer
see *(to)***:** voir
September: septembre
shampoo: shampooing
shocked: choqué
shoe: chaussure
shop: magasin
shopping (*to do the*)**:** courses (faire les)
skate *(to)***:** patiner
sky: ciel
sleep *(to)***:** dormir
small: petit
smoke *(to)***:** fumer
snake: serpent
snowman: bonhomme de neige
sofa: canapé
somebody / someone: quelqu'un
somewhere: quelque part
sorry: désolé
Spanish: espagnol
speak *(to)***:** parler
speech: discours
sporty: sportif
stamp: timbre
stay *(to)***:** rester
store: magasin
stolen: volé/dérobé
straight on: tout droit
strange: étrange
strong: fort
student: étudiant
study *(to)***:** étudier
suburbs: la banlieue
Sunday: dimanche
sunny: ensoleillé
surprised: étonné
surprising: surprenant
sweet: bonbon
swim *(to)***:** nager
swimming pool: piscine

T

take *(to)***:** prendre
take off *(to)***:** décoller
take out *(to)***:** (faire) sortir
talented: talentueux
talk *(to)***:** parler
tasty: qui a du goût
teacher: professeur
teddy bear: nounours
terrific: formidable
thief *(pl. thieves)***:** voleur
Thursday: jeudi
tidy *(to)***:** ranger
tie: cravate
tight: serré
tired: fatigué
tiring: fatigant
title: titre
today: aujourd'hui
together: ensemble
tomorrow: demain
tonight: ce soir
too: trop
toothbrush: brosse à dents
toothpaste: dentifrice
translate *(to)***:** traduire
travel *(to)***:** voyager
trousers: pantalon
tube: métro de Londres
Tuesday: mardi
turn *(to)***:** tourner
type *(to)***:** taper (à la machine)

U, V

umbrella: parapluie
unlock: déverrouiller
unlucky: malchanceux
usually: habituellement
vegetable: légume
very: très
violin: violon
visit *(to)***:** visiter/rendre visite à

W, Y

wait *(to)***:** attendre
wake up *(to)***:** (se) réveiller
walk *(to)***:** marcher
want *(to)***:** vouloir
warm: chaud
wash *(to)***:** laver
washing-up: vaisselle
watch: montre
watch *(to)***:** regarder
water *(to)***:** arroser
wear *(to)***:** porter (vêtements, lunettes)
week: semaine
welcome: bienvenu
white: blanc
whose: à qui
wine: vin
with: avec
work *(to)***:** travailler
write *(to)***:** écrire
writer: écrivain
year: an/année
yesterday: hier
young: jeune

Index des notions grammaticales

Les chiffres en couleur renvoient au livret central de corrigés.

Mémento de conjugaison

N. B. : Seules les formes pleines figurent dans les tableaux ci-dessous. Pour les formes contractées, reporte-toi aux leçons correspondant aux verbes et aux temps cités.

Be

	Présent	Prétérit	Present perfect
Forme affirmative	I am you are he, she, it is we are you are they are	I was you were he, she, it was we were you were they were	I have been you have been he, she, it has been we have been you have been they have been
Forme interrogative	am I…? are you…? is he, she, it…? are we…? are you…? are they…?	was I…? were you…? was he, she, it…? were we…? were you…? were they…?	have I been? have you been? has he, she, it been? have we been? have you been? have they been?
Forme négative	I am not you are not he, she, it is not we are not you are not they are not	I was not you were not he, she, it was not we were not you were not they were not	I have not been you have not been he, she, it has not been we have not been you have not been they have not been

Have got

	Présent
Forme affirmative	I have got you have got he, she, it has got we have got you have got they have got
Forme interrogative	have I got…? have you got…? has he, she, it got…? have we got…? have you got…? have they got…?
Forme négative	I have not got you have not got he, she, it has not got we have not got you have not got they have not got

Can

Présent	Prétérit
I can you can he, she, it can we can you can they can	I could you could he, she, it could we could you could they could
can I…? can you…? can he, she, it…? can we…? can you…? can they…?	could I…? could you…? could he, she, it…? could we…? could you…? could they…?
I cannot you cannot he, she, it cannot we cannot you cannot they cannot	I could not you could not he, she, it could not we could not you could not they could not

Achevé d'imprimer par l'Imprimerie de Champagne à Langres — France
Dépôt légal : 05123-2/03 — Juillet 2020